AF366783

Manual SEO.
Posicionamiento web en Google para un marketing más eficaz

María Pedrós Piñón
Gonzalo Arrabal
Jose Panzano

Portada: Pere Roca
Maquetación: Rafael Ruiz

Gran Via de les Corts Catalanes, 680, ático 1ᵃ, 08010
tel: +34 93 414 50 39
fax: +34 93 368 72 29
www.onetomarket.es
Arnhem - Barcelona - Berlín

© Manual SEO. Posicionamiento web en Google para un marketing más eficaz
© María Pedrós Piñón
© Gonzalo Arrabal
© Jose Panzano
ISBN papel: 978-84-686-2839-4
ISBN ebook: 978-84-686-2840-0
Editor Bubok Publishing S.L.
Impreso en España/Printed in Spain

Índice

1. ¿Qué es SEO? 11

Optimización para buscadores: los inicios 12

Definición de SEO 16

El objetivo: conversiones o visitas 17

Optimización para buscadores y publicidad en buscadores 20

SEO y Retorno de la inversión 22

Componentes del SEO 23

Cómo funciona un buscador 25

El proceso SEO 27

¿Cómo buscan las personas? 29

Conclusión 30

2. ¿Cómo usamos los buscadores? 31

Cómo buscamos en Google 32

Resultados orgánicos vs. resultados patrocinados 35

Cómo utiliza Google Luis 36

Conversión en búsquedas específicas 37

AIDA (S) 38

Long tail 41

Tipos de buscadores y necesidades de los usuarios 45

Conclusión 49

3. Definiendo los términos de busqueda 45

¿Qué son los términos de búsqueda? 46

¿Por qué analizar los términos de búsqueda? 47

¿Cómo saber qué términos usan nuestros clientes?.........50

Términos de búsqueda: el siguiente nivel 55

Enriqueciendo los términos de búsqueda 57

Filtros para los términos de búsqueda 60

Identificar los términos de búsqueda principales 62

Conclusión...64

Lista de verificación 65

4. La estructura del sitio web 67

La estructura de un sitio web 67

Posicionamiento de los términos de búsqueda importantes 71

Un segundo árbol 76

Definir la estructura de un sitio web 78

¿Qué hacer con la estructura del sitio web? 80

Menú contextual 81

Conclusión...87

Lista de verificación 88

5. El contenido 89

Introducción 90

Redactar para Internet 91

Meta-contenidos 97

Encabezados y subencabezados 111

El cuerpo del contenido 114

Los enlaces de texto 119

Dos problemas comunes 120

Conclusión...121

Lista de verificación 122

6. HTML 125

Construir por capas 125

La primera capa: la estructura 126

La segunda capa: plantilla 138

La tercera capa: funcionalidad.................................... 142

Trucos y consejos 146

Los editores de HTML 149

Conclusión..150

Lista de verificación 151

7. El servidor 153

¿Cómo funciona un servidor? 154

Velocidad de descarga de la web 155

Importancia de la velocidad de carga de la página web 156

Optimización de peticiones / conexiones 157

Las redirecciones...158

URLS aptas para buscadores 164

El contenido duplicado 170

Los robots.txt 172

Sitemaps XML 176

Las Herramientas para webmasters de Google 178

Conclusión 181

Lista de verificación 182

8. Los enlaces externos 183

¿Qué es un enlace? 185

¿Por qué los enlaces externos son tan importantes? 185

¿Cómo calcular el valor del enlace? 186

Catalogando los diferentes tipos de enlaces 193

Las trampas de los enlaces externos 198

Conclusión 201

Lista de verificación 202

9. Las técnicas para obtener enlaces externos 203

Clasificación de las técnicas 205

Optimización de los enlaces existentes 220

¿Compra de enlaces? ¡Nunca! 222

Conclusión 223

Lista de verificación 223

10. La analítica web 225

¿Qué es la analítica web? 226

¿Cómo aprovechar al máximo la analítica web? 228

¿Qué son los KPI para SEO? 233

Google Analytics 235

Algunos informes útiles para SEO 238

Conclusión 241

Lista de verificación 242

11. Cómo seleccionar un socio SEO 243

¿Quiénes ofrecen optimización para buscadores? 244

El SEO debe integrar se en la estrategia de marketing *online* 244

Desarrollador web o agencia SEO.................................245

¿Cómo seleccionar un socio SEO? 248

La solicitud de información 251

Los reguladores del sector y los sellos de aprobación 252

La solicitud de propuesta 253

¿Están en sintonía? 255

12. SEO en el marketing mix 257

SEO: solo un instrumento...258

Utilizar otros instrumentos de marketing online 260

SEO y la sinergia con otras herramientas..........................261

La relación entre el marketing *online* y *offline*..................265

Manternerse actualizados 267

¿Qué es SEO (Optimización para buscadores)?

¿Qué es exactamente la Optimización para buscadores o SEO (Search Engine Optimization)? Es bueno plantearse la pregunta, ya que hay muchos malentendidos sobre el tema. La Optimización para buscadores no se trata simplemente de:

- Insertar las palabras clave correctas en el texto
- Aplicar trucos técnicos para que un sitio *web* se indexe mejor
- Obtener enlaces de calidad

La Optimización para buscadores (SEO, por sus siglas en inglés) no se trata solo de estas partes, sino de la suma de todas ellas. El objetivo del SEO es atraer visitas relevantes mediante la mejora en la posición de un sitio en los resultados de búsqueda de los principales buscadores (también conocidos como motores de búsqueda). Los puntos que acabamos de mencionar se han escogido por un motivo preciso, la Optimización para buscadores trabaja en tres niveles: el contenido de un sitio, sus aspectos técnicos y los enlaces externos que apuntan al mismo.

En este capítulo aprenderás:

En este capítulo explicaremos qué es SEO. Indicaremos las diferencias entre los resultados de búsqueda orgánicos (SEO) y los de pago (SEM). Investigaremos, además, los posibles objetivos de la Optimización para buscadores. Y, por supuesto, también avanzaremos todos los temas que son relevantes para SEO y que trataremos a lo largo del libro.

Optimización para buscadores: los inicios

Tenemos la sensación de que los buscadores llevan ahí toda la vida, a pesar de que solo están entre nosotros desde la década de los 90. En sus comienzos, los buscadores no funcionaban muy bien, es decir, los resultados que arrojaban distaban mucho de satisfacer las necesidades de los usuarios. Además, muy pronto los *webmasters* más astutos encontraron formas de engañarlos para que posicionaran sus sitios *web* fueran relevantes para la búsqueda del usuario o no.

Una de las primeras técnicas que se utilizó para engañar a los buscadores fue incluir de manera oculta las palabras clave para las que el sitio quería posicionarse, los llamados "términos de búsqueda" (*search terms*).

Desafortunadamente, esta práctica tuvo muy buenos resultados y gracias a ella los *webmasters* fueron capaces de atraer más visitantes a sus sitios *web* con relativa facilidad. Surgieron entonces miles de sitios *web* aleatorios cargados de palabras clave como "porno", "casino' y 'Nueva York", y muchas otras palabras que garantizaban un importante flujo de tráfico, aun cuando el sitio *web* vendiera, por ejemplo, hornos de cocina, y el hecho de que los usuarios que llegaban a las páginas no tuvieran ninguna intención de comprar un electrodoméstico no les preocupaba en absoluto. El resultado de esta práctica era fundamentalmente la mala experiencia del usuario del buscador, que no lograba encontrar la información deseada.

En la actualidad, los principales buscadores han mejorado notablemente su capacidad para detectar textos ocultos. Para decirlo en pocas palabras, el *spam* a través del uso de palabras clave ocultas ya no funciona, afortunadamente. A pesar de ello, muchos *webmasters* todavía siguen tratando de insertar palabras clave ocultas en sus sitios *web*.

En la breve historia de los buscadores, se han utilizado otras muchas técnicas para forzar sus resultados, por ejemplo, durante años funcionó muy bien una técnica conocida como *cloaking*. El *cloaking* (o "encubrimiento") consiste en ofrecer a los buscadores un contenido diferente del que se muestra al usuario regular de un sitio *web*. A través de esta técnica se pueden insertar textos extensos que posicionan muy bien en los buscadores, mientras que al usuario se le muestra un texto bien escrito y que incita a las ventas. Sin embargo, hoy en día los sitios *web* que utilizan el *cloaking* son excluidos de los

índices de los principales buscadores. Google, en sus "Directrices para *Webmasters*"[1], sostiene:

"Crea sitios pensados para los usuarios, no para los buscadores. No engañes a tus usuarios mostrándoles un contenido diferente del que presentas a los buscadores (lo que se conoce comúnmente como cloaking)."

Gracias a esta técnica, una página tiene posibilidad de aparecer entre los primeros resultados de búsqueda, aunque no necesariamente sea la más relevante. Se puede concluir con razón que mucho ha ocurrido en la corta vida de los buscadores. En contraste con los ejemplos mencionados con anterioridad, el SEO es una técnica de marketing totalmente legítima, y en este libro intentaremos no solo probarlo sino mencionar algunas buenas maneras de subir posiciones en los buscadores, de forma lícita.

Cuando trabajamos los aspectos SEO de una *web*, debemos mantener siempre la visión a largo plazo. Muchos de los trucos que van en contra de las directrices de Google, o funcionan solo por un corto plazo de tiempo, o no funcionan en absoluto. Las probabilidades de obtener una penalización o una exclusión definitiva del índice de Google (con frecuencia nos referimos a Google en lugar de hablar de los buscadores en general, por su amplia cuota de mercado en España) son realmente muy altas. La

---

[1] http://www.google.com/support/*web*masters/bin/answer.py?hl=en&answer

Optimización para buscadores que perseguimos tiene como objetivo conseguir resultados de calidad a largo plazo.

Muchos sitios hablan de la diferencia entre el *whitehat* SEO y el *blackhat* SEO. Las técnicas *blackhat* incluyen los trucos prohibidos por los buscadores, mientras el *whitehat* comprende solamente técnicas legítimas. Este libro se centra en el SEO basado exclusivamente en técnicas *whitehat*.

Definición de SEO

Después de esta introducción, busquemos una definición de la Optimización para buscadores. ¿Cómo definimos este tipo de marketing?

> La Optimización para buscadores es una forma de marketing online que tiene como objetivo atraer tráfico relevante a un sitio web desde buscadores y realizar su conversión, mediante una mejora en la calidad y el contenido de las páginas.

Mucho puede decirse sobre esta definición. En primera instancia, podemos decir que el SEO es un tipo de marketing. El marketing ayuda a las compañías a conectar a los consumidores con sus productos y servicios. Sin embargo, el objetivo fundamental del marketing no es atraer consumidores a un punto de venta, sino asegurarse de que se retiren habiendo hecho alguna compra. Lo mismo se aplica al SEO. Algunos especialistas del sector creen que con atraer un visitante hasta el sitio el trabajo está hecho, pero en realidad esta visita solo tendrá valor si el usuario desarrolla la acción deseada, sea una compra, una descarga o una consulta.

Esta es la razón por la que nos referimos a visitas relevantes. Un vendedor de zapatos no tiene mucho que ofrecer a consumidores en busca de mobiliario de jardín. Las visitas relevantes son usuarios que han realizado una búsqueda de palabras clave relacionadas con un negocio; después de todo, estos son los consumidores verdaderamente interesados en adquirir sus productos y servicios.

Por último, nuestra definición se enfoca hacia los buscadores más importantes. ¿Qué buscadores son los más importantes? Si observamos el mercado español, la respuesta es simple: durante muchos años Google ha acaparado una porción del mercado prácticamente del 95%[2]. Por eso con frecuencia decimos Google cuando en realidad nos referimos a todos los buscadores importantes. Esto no quiere decir que no existan diferencias en la manera en que Bing o Google posicionan los sitios *web*, pero si queremos llegar a una mayor audiencia debemos enfocarnos en optimizar nuestras páginas para Google. Además, las diferencias entre los distintos buscadores son mínimas.

---

[2]StatCounter Global Stats http://gs.statcounter.com/#search_engine-ES-monthly-201006-201106

El objetivo: conversiones o visitas

El número de visitas que recibe un sitio *web* es un buen indicador para medir su éxito, o eso parece según muchos informes en los que se basan los cargos directivos de las empresas. Y es verdad, el número de visitas es medible, pero ¿qué significan estos números? Por ejemplo, alguien hace un comentario en el foro de una *web* de marketing *online* sobre la dieta Dukan, como el sitio está bien posicionado en los buscadores, el foro logra aparecer, en poco tiempo, entre los primeros 10 resultados de la búsqueda 'dieta dukan' en Google. Como este gurú de las dietas está de moda en un momento dado, el volumen de búsquedas es muy elevado, el sitio *web* puede acabar recibiendo 200 visitas extra por día. ¿Pero qué utilidad tienen estas visitas para el sitio *web*? Estas personas están buscando un gurú de la pérdida de peso y terminan en un sitio sobre marketing digital, es decir, encuentran palabras que no tienen ningún significado para ellos y rápidamente abandonan el sitio.

En este libro incluimos una serie de capturas de pantalla tomadas de un sistema de estadísticas. Hemos elegido para este propósito Google Analytics, porque es una herramienta gratuita, fácil de instalar y que ofrece mucha información valiosa. Para más detalles sobre el sistema Google Analytics, consulta www.google.com/analytics.

En resumen, el número de visitas que recibe un sitio no es una garantía de éxito. Cualquier sitio puede conseguir aumentar su caudal de visitas con poco esfuerzo, pero si estas personas no se comportan de la manera deseada, no aportan verdaderamente ningún valor comercial. El tráfico relevante es siempre mucho más útil. Tomemos el ejemplo de Casadellibro.com, un sitio que ofrece un catálogo de miles de libros. Si a través del SEO podemos atraer más usuarios que hayan realizado búsquedas sobre títulos de libros, será de gran valor para este sitio en particular, ya que muchos de estos visitantes efectuarán seguramente alguna compra. En definitiva, lo que buscamos es tráfico relevante.

¿Pero por qué es valioso este tráfico? Porque estas visitas se pueden convertir en clientes. El término conversión, utilizado técnicamente, significa precisamente esto: convertir visitantes en clientes. Un sitio *web* como Casadellibro.com tiene un objetivo muy claro de conversión: pedidos de compra. Sin embargo, existen muchos tipos de conversión que no necesariamente implican una ganancia monetaria directa. Por ejemplo, Casadellibro.com tiene un *boletín* al que los usuarios pueden suscribirse. Estos usuarios no representan una ganancia directa para la empresa, pero permite al equipo de Casadellibro.com acercarles ofertas interesantes vía correo electrónico. Si varios cientos de usuarios potenciales reciben una oferta atractiva, al menos unos pocos completarán el proceso de compra.

Entonces, una persona que se suscribe para recibir un *boletín* no representa ninguna ganancia directa para la compañía, pero sí un valor potencial a futuro. Por este motivo, este tipo de transacciones también debe ser considerado una conversión, siempre otorgándole el valor que le corresponde. Algunos ejemplos de conversiones:

- Imprimir información
- Completar un formulario de contacto
- Enviar un enlace a través de funciones como "enviar a un amigo"
- Subscribirse a un *boletín*
- Descargar las especificaciones de un producto
- Etc.

Optimización para buscadores (SEO) y Publicidad en buscadores (SEM)

En cualquier página de búsqueda de Google pueden encontrarse dos tipos de resultados. La captura de pantalla a continuación muestra ambos tipos:

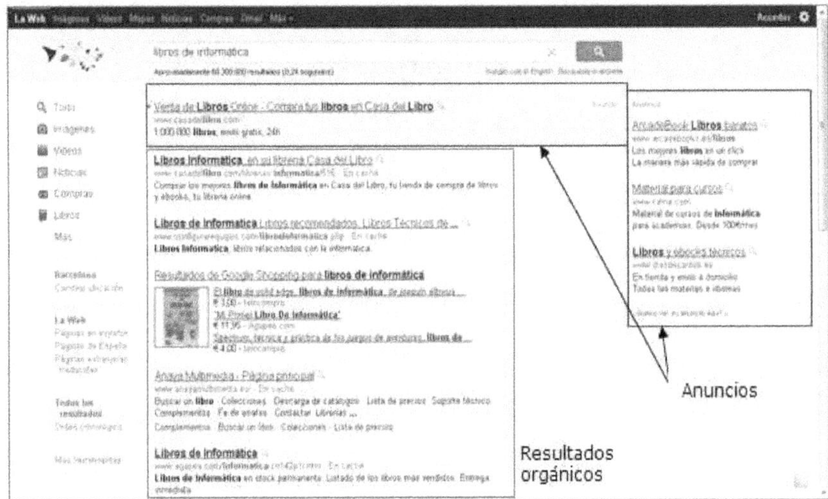

En la columna superior derecha y, para algunas búsquedas también en la zona de la izquierda en un área coloreada, se sitúan los anuncios. Estos enlaces los coloca el sistema de Google Adwords, que ofrece la posibilidad aparecer en los resultados de búsqueda y el anunciante solo paga por cada clic que los usuarios hagan en el enlace del anuncio. Es relativamente fácil lograr exposición mediante este tipo de avisos si se está dispuesto a pagar por ello. En la parte izquierda se sitúan los resultados orgánicos o naturales de la

búsqueda, que están ordenados según su relevancia. Esto significa que el marketing en buscadores abarca dos áreas diferentes:

- **Optimización para buscadores, SEO (*Search Engine Optimization*)**

  Se refiere a los resultados orgánicos, que son gratuitos y se basan en la calidad y relevancia de los sitios *web*.

- **Publicidad en buscadores, SEM (*Search Engine Marketing*)**

  Se refiere a anuncios, por los que los anunciantes pagan una cierta cantidad de dinero por clic.

Si bien este libro se concentra principalmente en SEO, es imp ortante mencionar algunos puntos sobre su relación con la Publicidad en buscadores (SEM). En primer lugar, la publicidad *pay-per-click*, como Adwords, es una gran alternativa cuando no se posiciona entre los primeros puestos de las búsquedas orgánicas. También sirve para tener presencia en los resultados patrocinados aunque aparezcamos bien posicionados en los resultados orgánicos, para obtener una doble exposición. Por ejemplo, la experiencia demuestra que es muy útil hacer publicidad con el nombre de marca, incluso si se tiene el primer puesto en las búsquedas orgánicas. Adwords es una gran herramienta para comunicar nuestra propuesta, en especial cuando el usuario tiene intención de compra.

SEO y Retorno de la inversión

El Retorno de la inversión (conocido por sus siglas en inglés, ROI, *Return on Investment*) es un término corriente en el mundo del marketing. Indica el porcentaje de los beneficios en relación a la inversión realizada a través de una línea de marketing particular. Varios trabajos de investigación sostienen que el SEO posee un ROI elevado, en especial en comparación con otras técnicas de marketing. Lo mismo expresa la infografía a continuación:

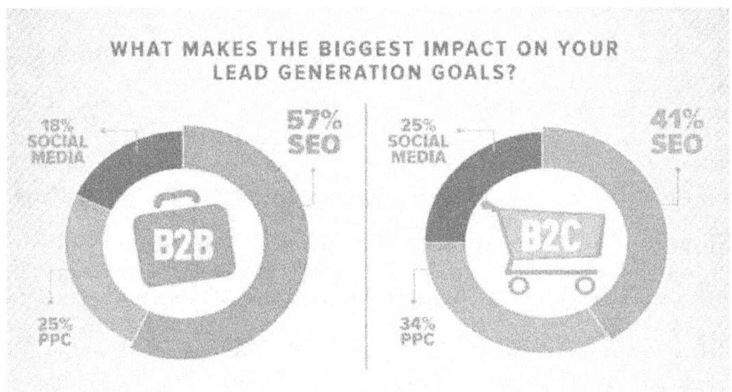

Fuente: Search Engine Land, sobre un estudio de Webmarketing123

La agencia de marketing estadounidense Webmarketing123 realizó en 2011 una encuesta a más de 500 profesionales del marketing online B2C y B2B, para conocer entre otras cuestiones qué aportaba más conversiones a su negocio: SEO, PPC o redes sociales. Como se puede ver en el gráfico, el SEO aparece en primera posición tanto para B2C como para B2B.

Para entender la importancia de invertir en SEO, además de los datos sobre conversiones también conviene tener en cuenta que según coinciden todos los estudios realizados sobre el tema, los resultados orgánicos consiguen más del 75% de los clics en las páginas de resultados de búsqueda.

Componentes del SEO

El SEO comprende varios aspectos distintos. Puede dividirse a grandes rasgos en los siguientes:

- Aspectos técnicos
- Contenido
- Enlaces externos

Los **aspectos técnicos** tienen que ver con el desarrollo de un sitio *web*. Hay que tener en cuenta que los buscadores son como navegadores muy básicos. Por ejemplo, un navegador hoy en día reproduce sin problemas una película en *flash*, pero un buscador no puede interpretar el contenido en *flash*. Por supuesto que es muy importante que nuestro sitio se vea bien en los navegadores, pero si los buscadores no pueden indexar su contenido sin trabas y seguir los enlaces no llegaremos muy lejos. Cuando hablamos de aspectos técnicos nos referimos principalmente a las URLs, el código fuente (HTML) y la estructura del sitio.

El **contenido** comprende el texto de un sitio, más los títulos y las descripciones *meta* de cada una de las páginas del sitio *web*. También las imágenes y los vídeos forman parte del contenido de un sitio, pero insistimos en el texto porque aunque desde el punto de vista de los usuarios una imagen puede ser de gran interés o utilidad ("una imagen vale más que mil palabras"), los buscadores necesitan texto para interpretar el contenido. A la hora de optimizar contenido para buscadores debemos tener en cuenta la inclusión de palabras clave, la extensión del texto, centrarse en un contenido específico, etc.

Con **enlaces externos (*linkbuilding*)** nos referimos a los enlaces que apuntan hacia nuestro sitio desde otras *webs*. Los buscadores, en especial Google, consideran estos enlaces como una forma de voto: a mayor cantidad de enlaces, mayor es la importancia de nuestro sitio a los ojos de un buscador. Sin embargo, no todos los enlaces aportan el mismo valor. Este valor lo determinan factores como el texto del enlace, la autoridad y el posicionamiento del sitio donde está ubicado y un par de características técnicas que exploraremos con mayor detalle más adelante.

Cómo funciona un buscador

Un buscador como Google necesita seguir dos pasos antes de agregar un sitio *web* a sus páginas de resultados. Antes que nada, debe indexar el sitio, para ello Google emplea robots (conocidos frecuentemente como *bots* o *spiders*), que son sistemas que actúan como usuarios en navegadores muy simples. Los robots recorren los sitios, y cada vez que encuentran una página nueva la almacenan en el índice del buscador. Por eso es tan importante asegurarse de que todas las páginas de nuestro sitio estén enlazadas de manera que los robots puedan acceder a ellas.

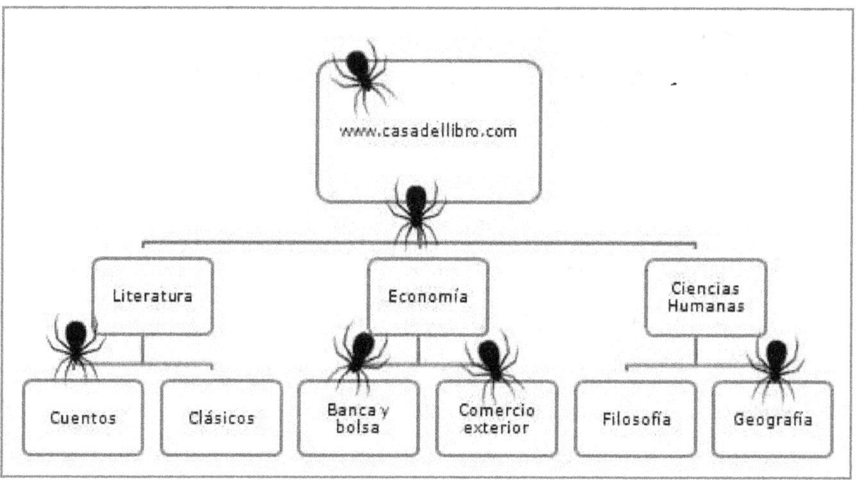

Si estás interesado en ver cómo recorre tu sitio un robot, puedes descargar el software de Xenu llamado Link Sleuth (http://home.snafu.de/tilman/xenulink.html). Xenu es una herramienta que actúa como un *bot*, partiendo desde la página de inicio y recorriendo todo el sitio mediante los enlaces internos. Si Xenu no puede encontrar una de tus páginas, es muy probable que los buscadores tampoco puedan hacerlo.

En los inicios de Internet, hacía falta registrar un sitio en los buscadores para que fuera indexado, pero ahora ninguno de los grandes buscadores lo requiere. Apenas alguien coloca un enlace a nuestro sitio, los buscadores llegan a él y lo indexan automáticamente. Ya no es necesario darlo de alta.

Para los buscadores es crucial tener una base de datos con un gigantesco número de sitios *web* para poder ofrecer un amplio abanico de resultados relevantes, pero para que dicha información tenga algún sentido es preciso ordenarla de alguna manera. Ahí es cuando entra en juego el posicionamiento. La pregunta clave es entonces: ¿qué página debería ocupar el primer lugar en los resultados? ¿Cuál es la más relevante respecto de la búsqueda del usuario? Google utiliza algoritmos complejos que actualiza continuamente para tratar de ofrecer los resultados más relevantes. Nadie sabe con exactitud cómo funcionan los buscadores, pero por prueba y error se puede determinar qué funciona y qué no. El desafío principal de cualquier experto en SEO es tratar de entender el algoritmo para poder mejorar, así, el posicionamiento de un sitio *web*.

Podemos concluir que Google trata de asegurar que las páginas más relevantes a una búsqueda determinada sean las que aparezcan en las primeras posiciones de los resultados. De manera que tener contenidos claros y de calidad es imperativo.

El proceso SEO

Hasta ahora hemos expuesto qué es la Optimización para buscadores, por qué es relevante y cómo funcionan los motores de búsqueda. La pregunta clave ahora es: ¿por dónde comenzamos? ¿Cuáles son los pasos para arrancar con el SEO? La imagen a continuación muestra todos los pasos en un orden lógico.

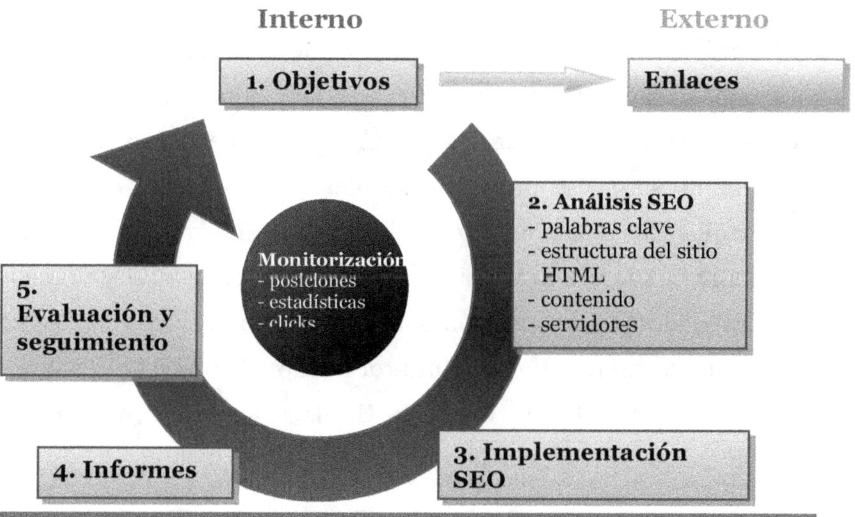

Distinguimos entre la optimización interna, realizada sobre nuestro sitio *web*, y la externa, que contempla acciones en otros sitios. Mencionábamos antes que el SEO abarca tres aspectos fundamentales: técnico, contenido y enlaces externos. Los primeros dos aspectos realizan un trabajo de optimización interna (*onsite*), mientras que la generación de enlaces externos implica un proceso independiente de optimización externa (*offsite*) y parte de la base de que el sitio *web* cuente con una buena estructura de enlaces y contenido de calidad. La optimización interna, en cambio, consta de cinco pasos:

1. Definir objetivos
2. Análisis SEO
3. Implementación SEO
4. Informes
5. Evaluación y seguimiento

El seguimiento de las visitas al sitio es crucial para todo el proceso. Si estamos al tanto de las estadísticas podemos, por ejemplo, analizar cómo ciertos cambios en las palabras clave afectan el número de visitas al sitio. El primer paso del proceso SEO consiste en determinar los objetivos y, a continuación, evaluamos si el sitio *web* está preparado para posicionar en los buscadores. Este análisis comprende una investigación sobre las palabras clave (Capítulo 3), un trabajo sobre la estructura del sitio (Capítulo 4), sobre el contenido (Capítulo 5) y el código HTML (Capítulo 6), más algunas consideraciones respecto del servidor (Capítulo 7).

El tercer paso en el proceso es la implementación de los cambios que ha sugerido el análisis. A continuación, se deben realizar informes de evaluación y un seguimiento de los resultados, teniendo en mente los objetivos planteados en el primer paso del proceso. Si no se cumplen los objetivos, comenzaremos el ciclo una vez más desde la etapa del análisis.

¿Cómo buscan las personas?

La búsqueda de información en buscadores no es un proceso mecánico, ya que son personas las que efectúan las búsquedas, por ello resulta crucial tratar de entender cómo buscan los usuarios. En el próximo capítulo profundizaremos sobre este tema.

Conclusión

Hemos explicado qué es el SEO y por qué es importante la optimización para buscadores. La optimización para buscadores genera la mayor parte de conversiones a la mayor parte de sitios web, y por otra parte los resultados orgánicos atraen la atención y los clics de los usuarios. Este capítulo también ha analizado los objetivos de la optimización para buscadores: ¿conseguir visitas al sitio? Sí, pero no únicamente; también es objetivo de SEO que esas visitas conviertan.

Para finalizar, hemos explicado cómo funcionan los buscadores: se trata de robots que recorren los sitios e indexan las páginas que encuentran en el índice del buscador, y también hemos mencionado cuáles son los pasos en la implementación de un proceso SEO en un sitio web, podemos dividir la optimización en tareas internas o externas al sitio web; ambas son esenciales.

¿Cómo usamos los buscadores?

Para hacer marketing es indispensable comprender cómo se comportan los clientes. Lo mismo vale para la Optimización para buscadores. Si se planea utilizar esta herramienta de marketing primero se debe comprender cómo utilizan los buscadores los usuarios. ¿Qué tipo de palabras clave emplean generalmente? ¿Cuáles generan un mejor porcentaje de conversión? ¿En qué resultados hace clic el usuario? Estas y otras preguntas son clave en este capítulo.

En este capítulo aprenderás:

En este capítulo explicaremos cómo usan los buscadores los usuarios. En definitiva, la Optimización para buscadores implica interactuar con personas. Un sitio web *y su estructura deberán estar alineados con la manera en que los usuarios usan los buscadores. También explicaremos la teoría del* long tail *(palabras clave con menos volumen de búsqueda, pero más específicas), por qué el* long tail *tiene un porcentaje de conversión tan alto y qué son los buscadores verticales.*

Cómo buscamos en Google

En los últimos años se han publicado numerosas investigaciones sobre cómo buscan los usuarios en los motores de búsqueda. En este capítulo trataremos de exponer ciertas conclusiones generales sobre cómo se usan los buscadores. [3]

En primera instancia, se puede determinar que la mayoría de los usuarios no diferencia entre el uso de un motor de búsqueda y el uso de Google, ya que los términos se intercambian frecuentemente. No en vano, la cuota de mercado de Google en España hace años que ronda el 95%, como citábamos anteriormente. Tanto es así que el término "Google" se ha incorporado al vocabulario popular como un verbo ("Googlear", en inglés *to Google*"), que significa simplemente hacer una búsqueda. Esa identificación de los términos demuestra que Google es percibido como el buscador por excelencia y evidencia la altísima confianza de los usuarios hacia el buscador.

Podemos estudiar el comportamiento de los usuarios a la hora de buscar aplicando técnicas de *eye tracking* (seguimiento de los ojos). El *eye tracking* se realiza mediante una pequeña cámara que se sitúa encima de la pantalla del ordenador y que registra los movimientos oculares del usuario, traduciéndolos finalmente en un mapa de calor. Este mapa es una representación de los movimientos del ojo del usuario. He aquí un mapa de calor de Google:

---

[3] Encontrarán investigaciones relevantes en los siguiente sitios: http://www.marketingsherpa.com/, http://www.ojobuscador.com/, http://searchengineland.com y http://searchenginewatch.com/

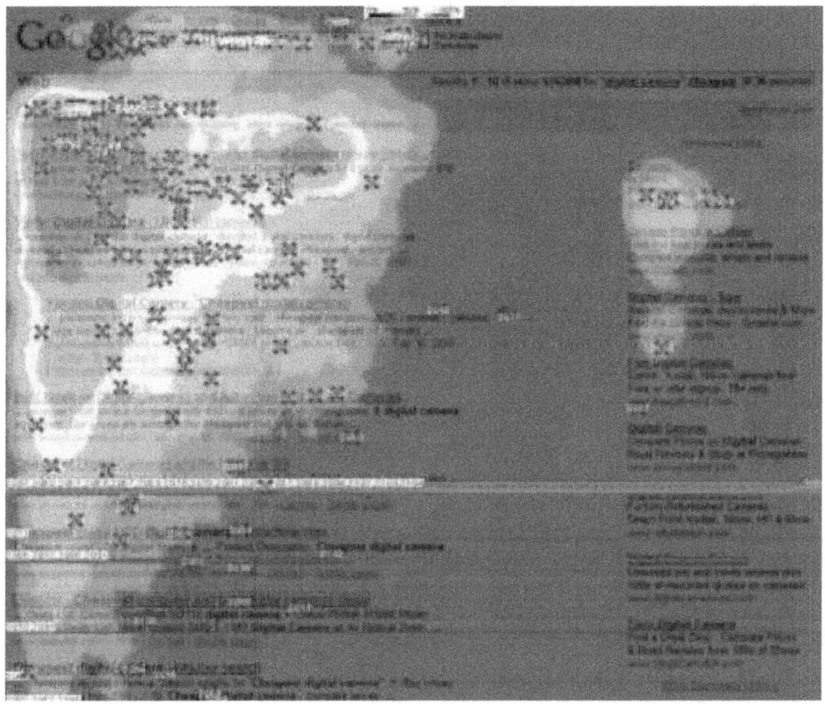

Mediante el uso de diferentes colores se puede apreciar dónde detiene la mirada el usuario en la pantalla. En la parte superior izquierda se registra la intensidad de visualización más fuerte y una serie de marcas que indican dónde han hecho clic los usuarios. Destaca cómo la zona superior izquierda recibe más atención, e incluso se puede apreciar que las posiciones más altas reciben la mayor cantidad de clics.

Hablando en términos generales, esto significa que debemos tratar de posicionarnos en los primeros resultados. Y, además, podemos deducir también el alto nivel de confianza que el usuario tiene en los buscadores, ya que los usuarios lejos de ser críticos respecto a los resultados que arrojan los buscadores, se limitan a hacer clic en los primeros resultados de la lista. La mayor parte de los usuarios ve Google como una marca líder y el 90% de ellos nunca pasa de la primera página de resultados, aunque la búsqueda arroje millones de opciones.

El primer pantallazo

La imagen anterior tiene una barra horizontal aproximadamente a la mitad de la pantalla, que indica dónde se corta la imagen en la pantalla de un ordenador común. En ella se observa cómo la alta intensidad en el mapa de calor se detiene exactamente en esta línea. El área situada por debajo de la marca solo podrá verse al deslizar el cursor hacia abajo. El mapa muestra que la mayoría de los usuarios solo mira los resultados directamente visibles en su pantalla, lo que realza la importancia de posicionar nuestro sitio en las primeras posiciones.

Resultados orgánicos vs. resultados patrocinados

En el capítulo anterior hemos mencionado las diferencias entre los resultados orgánicos y los patrocinados. Los resultados orgánicos se exponen a la izquierda, mientras que los resultados patrocinados se sitúan en la columna derecha (y en ocasiones por encima de los resultados orgánicos o entre los últimos resultados al pie). Los enlaces patrocinados siempre están identificados como tal, y el mapa de calor demuestra que el interés por los mismos es significativamente menor al mostrado por los resultados orgánicos, aunque puede variar considerablemente según el sector y según el número de anuncios que Google muestre en los resultados de búsqueda, que va en aumento.

Hablando en términos generales, se puede concluir que las personas que buscan información se interesan más por los resultados orgánicos, mientras que los que tienen intención de comprar prestan más atención a los anuncios. Esto se debe a que el usuario espera que las tiendas *online* y otros sitios *web* con intención comercial se anuncien en este lugar, lo que reafirma la utilidad de anunciar la marca a través de Google Adwords, incluso si ya estamos posicionados en primer lugar. La experiencia demuestra que las palabras clave de marca tienen un porcentaje de conversión muy alto.

Cómo utiliza Google Luis

Analicemos ahora más detenidamente cómo busca un usuario específico de Google. Luis planea irse de vacaciones y hace una búsqueda del término 'vacaciones' en el trabajo. Los 269 millones de resultados son abrumadores, así que redefine su búsqueda agregando una palabra más: 'vacaciones Italia'. Después de consultar algunos de los resultados de búsqueda decide que un destino muy probable para sus vacaciones es el Lago de Garda, aunque todavía debe comentarlo con su pareja.

Durante el fin de semana Luis y Pilar se sientan frente a la pantalla de su ordenador. Antes, durante la cena, Luis le había hablado a Pilar sobre la belleza del Lago de Garda, así que comienzan buscando por ese lugar concreto. En vez de utilizar términos de búsqueda generales como 'vacaciones' o 'vacaciones Italia', prueban directamente con 'lago de garda'. El primer resultado corresponde a la Wikipedia y, como la enciclopedia no ofrece vacaciones, deciden agregar algunas palabras clave más a la búsqueda: 'lago de garda vacaciones Italia'. El primer resultado propone unas vacaciones en coche, pero a Pilar no le entusiasma la idea de pasar parte del verano en la carretera. Luis prueba una vez más, en esta ocasión usa los términos 'vacaciones italia lago de garda avión'.

Rápidamente encuentran ofertas atractivas y accesibles para sus vacaciones, se entusiasman con una de las propuestas, y deciden hacer una reserva. Les ha llevado cierto tiempo encontrar lo que estaban buscando pero finalmente lo han conseguido. Estas fueron las búsquedas efectuadas por la pareja:

- vacaciones – millones de resultados, demasiado general
- vacaciones italia – todavía muy general
- lago de garda – demasiado informativo
- lago de garda vacaciones italia – específico, pero focalizado principalmente en vacaciones con coches
- lago de garda vacaciones italia avión – ¡perfecto! Luis y Pilar deciden hacer una reserva

Conversión en búsquedas específicas

El comportamiento de Luis y Pilar dice mucho sobre cómo usamos los buscadores. Su búsqueda comienza con un término muy general: los usuarios que buscan 'vacaciones' quieren irse de viaje, pero no saben cuándo, adónde, ni cómo llegar. Lento pero seguro, los términos de búsqueda se hacen más específicos y antes o después llega la conversión. A partir de este ejemplo podemos extraer algunas conclusiones interesantes:

- Primero, nos muestra que los usuarios emplean cada vez más términos en sus búsquedas. Esto se debe, en parte, al aumento de la competencia por los términos más generales. Además, los usuarios conocen mejor cómo funcionan los buscadores y cómo utilizarlos de manera más efectiva. Se han dado cuenta de que las búsquedas más específicas conducen a resultados más relevantes.

- Segundo, las búsquedas más específicas tienen un mayor porcentaje de conversión. Esto se debe a que las personas que buscan de esta manera tienen una idea mucho más clara de lo que quieren encontrar. Alguien que busca los términos 'lago de garda vacaciones italia avión' está mucho más seguro de lo que busca que alguien que todavía está explorando sus opciones y utiliza las palabras como 'vacaciones italia'. Digamos que este usuario ya ha atravesado la fase inicial de búsqueda de información y está listo para la compra.

En conclusión, los usuarios que buscan algo muy específico también esperan encontrar resultados muy específicos y relevantes.

AIDA(S)

El proceso de búsqueda específica también se ilustra en la imagen siguiente.

AIDA		Número de términos de búsqueda	Volumen de búsquedas	Tasa de conversión
a	Atención	<100	muy alto	muy bajo
i	Interés	100 a 1000	alto	bajo
d	Deseo	10000 a 100000	medio	medio
a	Acción	1000000 <	escaso	alto

En la imagen se destacan los términos Atención, Interés, Deseo y Acción (AIDA). El principio AIDA es un viejo concepto del marketing que todavía tiene valor práctico. Consiste en cuatro etapas, aunque a veces se agrega una quinta (Satisfacción).

Atención

Un hecho fortuito enciende la llama, por ejemplo, un colega de Luis que acaba de volver de Italia le cuenta sus historias sobre las playas, los mares azules, la comida y los monumentos.

Interés

Cuando Luis comienza a fantasear con la idea de tomarse unas vacaciones entre arenas blancas y disfrutando de las mejores pizzas, aparece el Interés. Luis ya está interiorizando esa sensación placentera que se desata al pensar en las vacaciones. Además, esa sensación se puede reforzar si Luis se pone a buscar sus vacaciones soñadas en un motor de búsqueda.

Deseo

El tercer paso es transformar el interés del consumidor en un deseo. ¿Cree Luis que un viaje a Italia es demasiado caro? Ofreciéndole una buena propuesta, difícilmente podrá resistirse a las vacaciones de sus sueños.

Acción

En este paso está la ganancia real. Luis ha encontrado su viaje soñado a Italia, está feliz con el precio y está listo para hacer la reserva vía Internet. Un módulo de compra sencillo y algunas buenas opiniones de clientes anteriores pueden dar el último empujón, si fuera necesario.

Satisfacción

El cliente ha tenido una experiencia muy positiva durante sus vacaciones. La próxima vez seguramente utilizará la misma agencia de viajes.

Estos principios demuestran el proceso por el que pasa un consumidor antes de efectuar una compra. Si seguimos con el ejemplo de Luis y lo aplicamos al modelo AIDA, llegamos a lo siguiente:

- Atención: vacaciones
- Interés: vacaciones italia
- Deseo: lago garda vacaciones italia
- Acción: lago garda vacaciones italia avión

En el caso de Luis, la conversión ocurre con el último término de búsqueda, pero eso no significa que las búsquedas anteriores no sean importantes. Luis y Pilar han ido modificando las búsquedas hasta que han reservado su viaje. Otros usuarios podrían mirar primero 'vacaciones italia' y desde ahí acceder a un sitio que ofrezca parte de la información y seguir navegando por la *web* hasta dar con una propuesta de vacaciones. Otros usuarios guardan los sitios *web* en favoritos, para regresar en otro momento y efectuar una compra. En este caso será más complicado determinar la fuente o el término de la búsqueda específicos. Es decir, hay infinitas formas de llegar a la conversión pero, en general, puede decirse que las búsquedas más específicas son las que convierten con más facilidad.

Long tail

Es evidente que 'vacaciones italia' genera mucho más tráfico que 'lago garda vacaciones italia avión'. Hay millones de combinaciones de palabras que atraerán una cantidad de tráfico similar al de 'lago garda vacaciones italia avión', pero solamente unas pocas alcanzarán los volúmenes de tráfico de 'vacaciones italia'. Es decir, existen pocos términos que atraen una gran cantidad de tráfico y una gran cantidad de términos o combinaciones que generan poco tráfico. La imagen a continuación ilustra este punto:

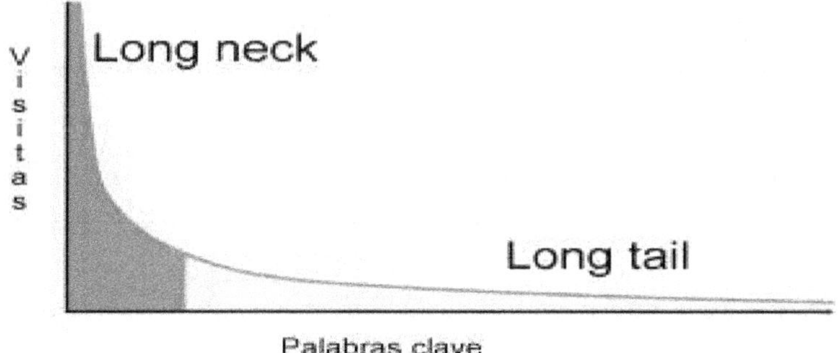

Esta imagen demuestra claramente a qué nos referimos cuando hablamos de *long tail* y de *long neck*. El *long neck* se refiere a términos generales de búsqueda que atraen una gran cantidad de tráfico, pero son a su vez muy competidos. El *long tail* consiste en un enorme número de combinaciones de términos de búsqueda que tienen poca competencia, pero que también tienen poco tráfico. Lo interesante es que si se combinan todos los términos de búsqueda de *long tail* se puede obtener una cantidad de tráfico considerable. Por esta razón muchos sitios *web* se centran en los términos de *long tail* en aras de convertir visitas en clientes. Sin embargo, en muchos casos es también recomendable centrarse en los términos con mayor volumen de búsquedas, ya que si logramos posicionar bien para términos como 'vacaciones italia', solo necesitaremos un pequeño esfuerzo para hacerlo también por 'lago garda vacaciones italia avión'.

En el caso de Google Adwords, es conveniente centrarse en el *long tail*, ya que se paga por cada clic, y no querrás pagar por muchas visitas que no convierten. Como es muy difícil obtener un buen promedio de conversiones con términos de búsqueda generales, lo mejor es concentrarse en el *long tail*. Eso sí, para lograr una cantidad de tráfico razonable se deberá incluir un gran número de términos en la campaña.

Tipos de buscadores y necesidades de los usuarios

Hace algunos años, los buscadores verticales o temáticos tuvieron una época de gran crecimiento: su mayor ventaja frente a los buscadores genéricos era precisamente su especialización en un tema concreto. Al centrarse únicamente en un tema o nicho para la indexación de páginas, podían ofrecer más y mejores resultados que los buscadores genéricos, en los que al realizar búsquedas especializadas o específicas los usuarios podían encontrarse con mucho "ruido". Sin embargo, aunque los buscadores verticales siguen siendo importantes (pensemos en los buscadores de vuelos, por ejemplo), las mejoras que de forma continuada introducen los principales buscadores, tanto en sus algoritmos como en la presentación de los resultados, ha frenado de forma sustancial el avance de estos buscadores. Por ejemplo, Google ofrece directamente en sus páginas de resultados de búsqueda la cartelera de cine e información sobre vuelos, por ejemplo al buscar "vuelos de barcelona a sevilla" Y los resultados de Google Shopping aparecen para ayudar a la toma de decisiones en búsquedas con intención de compra.

También la Wikipedia copó muchas búsquedas en el pasado, pero probablemente hoy el comportamiento más habitual es buscar primero el término en el motor de búsqueda y hacer clic en el resultado de la Wikipedia si necesitamos información genérica sobre ese concepto.

El auge de las redes sociales, en España particularmente Facebook, supone actualmente una de las principales amenazas para los motores de búsqueda, que lógicamente quieren permanecer entre las páginas más visitadas y usadas de Internet. Facebook dispone de su propio buscador para encontrar contenidos en su plataforma, y el uso masivo de las redes sociales, tanto por parte de individuos como de organizaciones, y las facilidades que ofrecen estas redes para compartir información, están haciendo mella en el tiempo que los usuarios pasan en los buscadores. Se entiende el empeño de Google, por ejemplo, en responder a estas nuevas necesidades de los usuarios, con varias iniciativas (la última de ellas, Google +).

Conclusión

Hemos utilizado el ejemplo de Luis para tratar de entender el comportamiento de un usuario común en buscadores y vemos que sus búsquedas van de lo general a lo específico. Al final, termina con una búsqueda muy específica que lo conduce hacia el resultado que satisface sus necesidades. Prosigue la conversión: a mayor especificidad, mayor porcentaje de conversiones. También es importante advertir que los usuarios buscan lo más fácil y sencillo. Muy pocos van más allá de la primera página de resultados de Google, por lo que los mejores posicionados acaparan gran parte del interés y de las visitas. En el próximo capítulo nos centraremos en otra cuestión: ¿qué términos de búsqueda emplean los usuarios para encontrar los productos y servicios que ofrece nuestro sitio.

Definiendo los términos de búsqueda

Si estás leyendo este libro, podemos afirmar que quieres atraer tráfico a tu sitio web desde buscadores. Para lograr este propósito es imprescindible saber qué palabras utilizan los clientes potenciales en sus búsquedas. Las palabras empleadas por los usuarios para buscar los productos y servicios ofrecidos en un sitio web se llaman 'términos de búsqueda'. Se ha demostrado que las palabras que emplean las empresas para describir sus productos y servicios son diferentes a las que utilizan los usuarios. Por esta razón, el análisis de los términos de búsqueda utilizados por los usuarios es fundamental.

En este capítulo aprenderás:

- *¿Qué son los términos de búsqueda?*
- *¿Por qué es importante analizar los términos de búsqueda?*
- *¿Cómo encontrar los términos de búsqueda que utilizan los clientes?*
- *¿Qué fuentes se puede usar para el análisis de los términos de búsqueda?*
- *¿Cómo se estructura un análisis de términos de búsqueda?*
- *¿Para qué sirven los términos de búsqueda?*

¿Qué son los términos de búsqueda?

El tan manido refrán "una imagen vale más que mil palabras", queda sin efecto cuando hablamos de buscadores, ya que estos necesitan contenido para poder analizar una página, pues las 'leen' de una manera completamente diferente. Los seres humanos entienden las expresiones idiomáticas, las cuestiones de estilo y la relación entre cierto tipo de palabras; en cambio, los buscadores tienen una capacidad de interpretación muy limitada. Los buscadores cuentan las palabras y las relacionan. Esto significa que las palabras relevantes se deben mencionar por lo menos en las páginas principales. En el capítulo 5 se abordará con mayor detalle la redacción de contenidos para buscadores, pero primero es necesario determinar qué términos son más importantes para nuestro negocio. Así, uno de los principios básicos de la optimización para buscadores es saber qué términos de búsqueda utilizan los usuarios.

Los términos de búsqueda pueden ser palabras individuales o cadenas de palabras clave que indican un tema específico. 'Libro' es una palabra de búsqueda, mientras 'comprar libro Eduardo Mendoza' se considera un "término de búsqueda". Para este último término no resultará tan difícil optimizar una página *web* ya que habrá mucha menos competencia. Además, los términos tan específicos indican que el usuario ya tiene una idea bastante clara de lo que está buscando, por lo que las posibilidades de conversión se incrementan considerablemente, como veíamos en el capítulo anterior.

En este capítulo intentaremos determinar los términos de búsqueda más empleados por los usuarios, pero primero haremos hincapié en la importancia de un análisis adecuado sobre estos términos.

¿Por qué analizar los términos de búsqueda?

¿Es realmente necesario realizar un análisis de las palabras clave? ¿No sabemos ya los términos de búsqueda utilizados por los usuarios en nuestra área? Después de todo, conocemos bien nuestra empresa y lo que quieren nuestros clientes.

En muchos casos es verdad, aunque es importante mantener un espíritu crítico. En primer lugar, la experiencia demuestra que muchos de los términos de búsqueda más importantes son omitidos. Los localismos o vocablos informales todavía se utilizan mucho en Internet, incluso cuando existen sinónimos que pueden transmitir mejor el mensaje. La mayoría de las veces Google es incapaz de establecer relaciones entre un término y sus sinónimos: si queremos que nos encuentren a través de frases similares pero no idénticas, debemos hacer uso de cada una de ellas por separado. Por ejemplo, un cliente de telefonía móvil puede utilizar términos como 'telefonía celular' o 'móviles', y no solamente 'telefonía móvil'.

Otra buena razón para realizar el análisis de los términos de búsqueda es la variedad de conclusiones sorprendentes que arrojan. Tomemos como ejemplo la siguiente captura de pantalla:

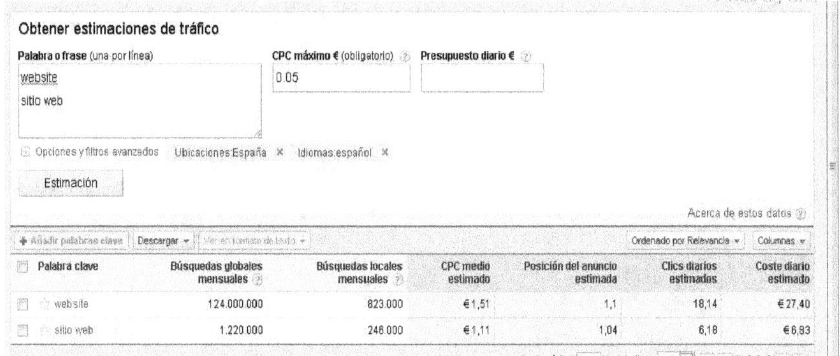

Palabra clave	Búsquedas globales mensuales	Búsquedas locales mensuales	CPC medio estimado	Posición del anuncio estimada	Clics diarios estimados	Coste diario estimado
website	124.000.000	823.000	€ 1,51	1,1	18,14	€ 27,40
sitio web	1.220.000	246.000	€ 1,11	1,04	6,18	€ 6,83

La imagen proviene de la herramienta Estimador de tráfico de Google (la veremos en detalle más adelante). Esta herramienta estima que existen más clics por día para 'website' que para 'sitio web' en español y en España, incluso aunque la traducción de 'website' está muy extendida y es ampliamente utilizada.

Esto demuestra que las personas no utilizan siempre la terminología correcta en sus búsquedas. Sin este análisis de los términos de búsqueda no hubiera sido posible conocer esta información y se hubiera perdido el valioso tráfico de las personas que buscan 'website'.

Como mencionamos anteriormente, el análisis de los términos de búsqueda es la base de la Optimización para buscadores. Indagar sobre los términos utilizados por los usuarios también puede estimular nuevas ideas para implementar en nuestro sitio *web*. Lo importante es considerar las distintas vías por las que nuestros clientes llegan al sitio *web*, especialmente si operamos en un mercado complejo:

- ¿Buscan los usuarios por nombre de marca?
- ¿Están buscando soluciones para sus problemas?
- ¿O están formulando su problema?

Estas preguntas se responden a través de un análisis de los términos de búsqueda. Mejor aún, este tipo de análisis nos obliga a pensar desde el punto de vista del usuario. En SEO no se trata de las palabras que queremos usar sino de las que emplean nuestros clientes potenciales para encontrarnos.

La razón por la que nos concentramos en este tipo de análisis es que muchas veces se pasan por alto. Con frecuencia, se considera la Optimización para buscadores como una serie de trucos fáciles, mientras que se subestima la base del trabajo (determinar los términos de búsqueda apropiados). La Optimización para buscadores, sin un análisis preliminar de los términos de búsqueda, garantiza un mal comienzo.

¿Cómo saber qué términos usan nuestros clientes?

El análisis de los términos de búsqueda consta de varios pasos:

1. Una sesión de lluvia de ideas para determinar los tipos de palabras clave
2. Organizar los resultados de la lluvia de ideas
3. Agregar palabras y términos de búsqueda, de cosecha propia y tras analizar la competencia
4. Filtrar los términos de búsqueda no relevantes
5. Determinar qué términos son los más importantes

En la práctica, estos pasos se superponen y muy raramente se pueden seguir de manera lineal. De todas formas, se recomienda seguir los pasos en ese orden. El análisis de los términos de búsqueda puede llevar muchas horas y a veces puede ser un tanto tedioso, por lo que es muy útil realizar un abordaje organizado para no olvidarse de nada.

Una de las primeras tareas para determinar la lista de términos de búsqueda es definir exactamente de qué trata nuestro sitio *web*. ¿Qué información debe ofrecer? ¿Qué están buscando los usuarios? El dueño de un sitio *web* muchas veces está demasiado involucrado con el contenido. Hay que intentar ver las cosas desde la perspectiva del

usuario, que puede no conocer la manera exacta en que nos referimos a un producto y muchas veces hace preguntas muy diferentes a las que esperábamos. Por eso es importante hacer una sesión de lluvia de ideas con un grupo de personas involucradas en el proyecto y discutir qué contenido tiene que haber en la *web*, en sentido amplio, ya habrá tiempo para la búsqueda de términos específicos, y más adelante podremos eliminar aquello que sea demasiado genérico o no relevante. La lluvia de ideas puede ser un poco complicada, así que incluimos algunos consejos prácticos:

1. **No evaluar inmediatamente**

   Una buena práctica en la lluvia de ideas es no ser demasiado críticos al principio. Si descartamos opiniones inmediatamente porque pensamos que son irrelevantes, corremos el riesgo de que las personas se bloqueen y no compartan libremente sus ideas. Algunas de estas propuestas pueden convertirse en opciones mucho más atractivas de lo que parecían al principio; no debemos caer en la trampa de ser demasiado críticos.

2. **Asociar libremente**

   El aliciente de la lluvia de ideas reside en poder alimentar la creatividad. Esto significa que todos deben sentirse libres para construir sobre las ideas de los demás. Es necesario tener en cuenta que en el ejercicio no se intenta imponer una idea personal, sino crear una lista de términos de búsqueda.

3. **Invitar a alguien de afuera**

Todo el equipo de trabajo está demasiado involucrado en el negocio, lo que provoca que muchas veces se utilice una jerga empresarial basada en la experiencia y el conocimiento del sector; esto no necesariamente tiene que ser un problema, siempre que seamos conscientes de que pasa y de que el lenguaje se aleja del que emplearía el usuario. Por ello, invitar a una persona de afuera, incluso un miembro de la familia o un cliente potencial, puede abrir las puertas hacia nuevas perspectivas y le da un aire nuevo a la sesión de lluvia de ideas.

4. **Elegir un entorno estimulante**

Hacer una sesión de lluvia de ideas en una sala de reunión no fomenta demasiado la creatividad. En su lugar, se puede elegir un bar o un sitio más relajado en medio de la naturaleza. Lo importante es estimular la creatividad.

5. **Permanecer en la fase de la generación de ideas**

El proceso creativo no avanza si se indaga sobre los detalles de las ideas. Hay que evitar preguntas como: ¿A qué te refieres exactamente? ¿cómo podría funcionar eso? Lo mejor es concentrarse en ideas nuevas.

Escribe todas las ideas en un papel o una pizarra y a continuación repasa todas las ideas e intenta agruparlas. Una sesión de lluvia de ideas puede ayudar a conformar las secciones de un sitio *web* y es un buen punto de partida para delimitar los términos de búsqueda.

Tomemos ahora el ejemplo de Casa del libro que vende libros. Después de una sesión de lluvia de ideas el resultado podría ser un mapa mental como mostramos a continuación:

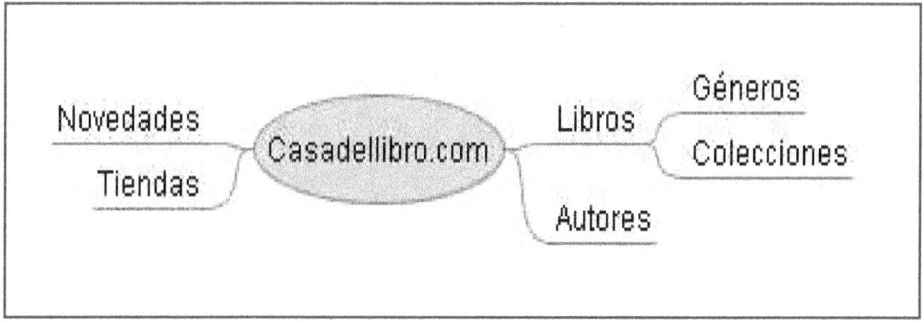

A partir de estas sesiones podemos también determinar la estructura del sitio *web*. Además, se puede empezar a agrupar los términos de búsqueda en distintos grupos. El paso siguiente sería, por ejemplo, colocar todos estos términos en una hoja de cálculo, como se muestra en la siguiente captura de pantalla:

Libros				Autores	Novedades	Tiendas
ISBN	Géneros		Colecciones			
	Libros de cocina	Novelas	Thriller	Etc.		

Por supuesto, este ejemplo no es exhaustivo: existen muchas maneras de organizar y agrupar el contenido, aunque es una buena práctica comenzar con pocas categorías y extenderse desde allí. Obviamente, no tiene sentido incluir todos los números ISBN en una hoja de cálculo; la lista sería infinita y quedaría rápidamente obsoleta. Sin embargo, sería una buena idea agregar una columna de ISBN teniendo en cuenta que este puede ser un término de búsqueda importante. Lo mismo ocurre para la columna 'autores'.

La combinación de palabras

Hay mucho que decir sobre la columna 'tiendas'. La Casa del libro tiene 37 librerías y todas deberían posicionar por términos de búsqueda con localidad como 'librería Vigo' En este caso, el nombre de la ciudad es una palabra de búsqueda, mientras que 'librería Vigo' es un término de búsqueda. La característica principal de la combinación de palabras es que el nombre de la ciudad por separado no es un término de búsqueda, es decir, Casa del libro no tiene mucho interés en aparecer entre los primeros resultados cuando un usuario busque 'Vigo', pero sí quiere estar bien posicionada si el usuario busca 'librería Vigo'. Conviene crear una columna solo para la combinación de palabras, por ejemplo, se podría crear una lista con todas las ciudades en las que Casa del libro tiene una librería.

¿Por qué Casa del libro no tiene interés en posicionar por la palabra 'Vigo'? Porque este término, si bien generará mucho tráfico, no atraerá muchas personas interesadas en comprar un libro. Por eso hay que analizar los términos de búsqueda de lo general a lo concreto y prestando atención a la intención de las páginas.

Términos de búsqueda: el siguiente nivel

Veamos ahora los diferentes géneros que Casa del libro ofrece en su librería, uno de ellos es Informática. Cualquier persona que haya comprado un libro de informática confirmará que existe una gran variedad de temáticas distintas dentro de esta área que al agrupar todos los elementos pueden perderse de vista, por lo que conviene dividirlos por temáticas.

En este caso, lo mejor es crear una hoja nueva y agregar una columna por cada tema distinto dentro de la categoría Informática. Algunas de las subcategorías posibles serían:

- Sistemas operativos
- Lenguajes de programación
- Office
- etc.

El paso siguiente es agregar a cada columna los términos de búsqueda correspondientes. La lista a continuación muestra una serie de términos de búsqueda posibles para las subcategorías mencionadas arriba:

sistemas operativos	informática	lenguajes de programación
sistema operativo	portátiles	lenguajes de programación
windows vista	tecnología	programación c
sistema operativo android	ordenadores	computación
google chrome os	los informáticos	programación web
que es un sistema operativo	computación	programador
	informática para niños	programar en c
	ingeniero informático	aprender a programar
	mantenkmiento informático	programación informática
		lenguajes de programación más usados
		ajax
		asp
		asp.net
		c++
		css
		delphi
		juegos
		j2ee
		java

Si hacemos lo mismo para cada categoría y subcategoría, nuestro análisis sobre los términos de búsqueda empezará a tomar forma. Ahora tenemos una gran lista de términos de búsqueda que describen nuestras categorías.

Además de las categorías, queremos que nos encuentren por los títulos de los libros. En este caso, no los listaremos todos, sino que los incluiremos como variable una vez que tengamos claro que su utilización es factible.

Enriqueciendo los términos de búsqueda

Probablemente estés pensando qué hacer con una lista de términos de búsqueda tan extensa. ¿Tenemos que hacer todo el trabajo nosotros mismos? La respuesta es sí, pero no hay necesidad de empezar desde cero. Existen varios recursos que sirven de ayuda a la hora de recopilar términos de búsqueda:

- Tu sitio *web* tal y como está
- Tu material de publicidad fuera de Internet
- Otros sitios *web*
- Programas especializados para encontrar sinónimos y términos de búsqueda
- Programas de análisis *web* y los archivos de registro obtenidos desde el buscador interno del propio sitio *web*

La primera fuente de información sobre los términos de búsqueda es tu sitio *web*. Cuando analizamos el ejemplo de Casa del libro veremos que ya existe una estructura de categorías muy clara por lo que pueden encontrarse muchísimos términos de búsqueda con solo mirar las descripciones de las categorías y los títulos de las obras individuales. Además del sitio *web* de Casa del libro, existen muchos otros sitios dedicados a la venta de libros y consultarlos puede darnos una buena idea sobre los términos de búsqueda que utilizan. También podemos acudir a nuestro material de marketing convencional, como las carpetas, los pósteres y otros tipos de publicidad, para extraer ideas del lenguaje que se utiliza.

Un diccionario también es de gran utilidad. Hay varios recursos online que ayudan a encontrar e identificar sinónimos importantes para nuestros términos de búsqueda como Wordreference[4] y Sinónimos[5]. Existen además programas especialmente diseñados para tal fin, por ejemplo, la herramienta para palabras clave de Google[6]. Esta aplicación permite introducir varios términos de búsqueda y ofrece información sobre los términos relacionados y la competencia que tienen dentro del programa Google Adwords.

✓ Google también permite la búsqueda por sinónimos agregando el símbolo ~ antes del término de búsqueda. Google mostrará las palabras similares en negrita, por ejemplo, si hacemos una búsqueda utilizando ~libro windows, el término Microsoft se mostrará en negrita.

Además de analizar a la competencia, aprovechar el material de marketing convencional y buscar sinónimos, también podemos ampliar el análisis de los términos de búsqueda utilizando los términos en singular o plural. Los buscadores no siempre identifican el plural en los términos de búsqueda y lo relacionan con su forma en singular. En otras palabras, 'libro Windows' y 'libros Windows' son dos términos de búsqueda distintos y los buscadores no siempre los tratan como equivalentes, o incluso aunque lo hicieran, para términos muy competidos pueden no posicionar. Además, es

---

[4] http://www.wordreference.com/sinonimos/
[5] http://www.sinonimos.org/
[6] https://adwords.google.com/select/KeywordToolExternal

importante saber para un término de búsqueda si el volumen de búsquedas es mayor en singular o plural, ya que puede llegar a variar significativamente. Por lo tanto, en el análisis de los términos de búsqueda se debe incluir tanto el singular como el plural.

Los buscadores (en especial Google) mejoran cada día en el reconocimiento de los términos en singular y plural. Muchos sustantivos serán reconocidos pero es difícil poder determinarlos de antemano, por lo que aún se recomienda incluir ambas formas en nuestro análisis de los términos de búsqueda.

Por último, debemos considerar el análisis de las estadísticas nuestro sitio *web*. ¿Qué términos de búsqueda ya están generando tráfico? ¿De estos, cuáles traen la mayor cantidad de visitas? ¿Cuáles convierten más?

Posiblemente, tu sitio *web* ya cuenta con un buscador interno y si registras los resultados del mismo obtendrás una valiosísima fuente de información. Puedes usar los archivos de registro para conocer qué términos buscan los usuarios dentro del sitio *web*. Obviamente, se puede hacer lo mismo con Google pero los resultados internos son más valiosos. Después de todo, si alguien utiliza un término de búsqueda con el que no se accede a nuestro sitio *web*, este no se mostrará en las estadísticas. En cambio, el archivo de registro interno mostrará estas palabras, incluso si no se devuelve ningún resultado para las mismas. De esta forma, un buscador interno de un sitio *web* con un volumen de tráfico importante puede ser una fuente de información muy completa sobre los términos de búsqueda que utilizan las personas.

Filtros para los términos de búsqueda

Si has seguido todos los pasos descritos en este capítulo tendrás seguramente una gran lista de palabras y términos de búsqueda. De este listado, algunos términos de búsqueda tendrán mayor valor y atraerán más tráfico, mientras que otros tendrán un elevado porcentaje de conversión.

Entonces, es muy importante reconocer los términos de búsqueda que nos resultan más relevantes. En ese sentido, puede ser de gran ayuda utilizar la herramienta Estadísticas de búsqueda de Google[7]. Este programa permite comparar volúmenes de búsqueda en determinadas regiones e intervalos de tiempo.

---

[7] http://www.google.com/insights/search/?hl=es

La imagen anterior muestra que 'libros de texto' tiene un volumen de búsqueda superior a 'libros colegio' y la evlución del volumen de búsqueda en el tiempo.

Para saber la cantidad exacta de tráfico que atrae cierto término, el mejor camino es comenzar una campaña de Adwords con el mismo. Después de un tiempo tendremos buenos indicadores sobre el tráfico generado, eso sí, el método puede resultar costoso.

Identificar los términos de búsqueda principales

Algunos términos de búsqueda son más importantes que otros, por lo que tiene sentido identificar los más relevantes. A veces hay tantas variantes y sinónimos que es poco práctico enfocarse en todos, en ese caso resulta imprescindible utilizar los más importantes. En nuestra hoja de cálculo, todas estas palabras están agrupadas juntas, en cada columna se pueden resaltar uno o dos términos de búsqueda que sean realmente importantes o incluso se puede insertar una columna nueva para los mismos. En el caso de Casa del libro, los términos principales, algunos de los que tienen más volumen de búsqueda por géneros, serían:

- cuentos infantiles
- libros románticos
- libros juveniles
- libros medicina

Que un término de búsqueda atraiga mucho tráfico no significa que también vaya a convertir bien. Por este motivo es tan importante analizar la información sobre las conversiones. Una palabra clave que atrae poco tráfico pero convierte bien es un buen objetivo sobre el que trabajar.

Es necesario reducir nuestro larguísimo listado de palabras clave: no tiene sentido tratar de crear páginas y páginas de contenido en un sitio web para apostar por todas las variantes de un término de búsqueda (singular, plural, sinónimos...), práctica que además puede crear duplicidades en la estructura y confundir al usuario.

Una buena recomendación para poder filtrar de forma adecuada este amplio listado es ir planteándose la estructura del sitio a medida que avanzamos en el filtrado de esta lista de palabras clave, siempre sin perder de vista cuál es nuestro negocio, qué productos o servicios comercializamos. Aunque veremos qué es la estructura de un sitio web y cómo determinarla en el próximo capítulo, nos parece útil mencionarla en este momento, porque la investigación de palabras clave solo tiene sentido cuando esas palabras clave se asignan a una página que se va a optimizar para ellas. Veamos un ejemplo:

"libros infantiles" tiene 2400 búsquedas al mes en Google.es; "libros para niños" tiene 880 búsquedas; "libros juveniles" tiene 1900 búsquedas al mes. ¿Qué hacer con esta información? El tratamiento que le pueden dar a esta información las librerías puede ser muy distinto en función de su negocio. Tal vez una editorial generalista con solo unos pocos libros editados para niños y jóvenes podría crear una única página en su estructura para ambos tipos de libros, y crear contenido para que la página esté optimizada para los dos términos con más búsquedas, "libros infantiles" y "libros juveniles", descartando "libros para niños". En cambio, una librería especializada en libros para niños y jóvenes de distintas edades

tendrá probablemente muy en cuenta los tres términos para tratar de posicionar muy bien para los tres, por ejemplo, con una página para "libros infantiles" y "libros para niños", y otra página para "libros juveniles". Es cierto que durante la investigación de palabras clave debemos tener la mente muy abierta para no perder de vista cómo buscan los usuarios, pero también es verdad que nunca debemos perder de vista cuál es nuestro negocio.

Conclusión

¿Qué hacer con el análisis de los términos de búsqueda? Una buena pregunta después de tanto trabajo. Estos términos de búsqueda serán la base de la estructura del sitio *web*, que discutiremos en el próximo capítulo. Crearemos páginas *web* que se centren en cada uno de los términos de búsqueda más importantes, y usaremos los mismos para crear el contenido de cada página. Finalmente, usaremos los términos de búsqueda para comprobar qué posiciones tenemos en las búsquedas: ¿estamos bien posicionados para los términos más importantes? Hablaremos de esto más detalladamente en el capítulo sobre los enlaces externos.

Lista de verificación

- Hacer una lluvia de ideas sobre el contenido del sitio *web*:
    o Pensar en lo que vendemos
    o Pensar en las soluciones que ofrece nuestro producto o servicio
    o Crear una estructura lógica para las palabras clave.
- Usar diferentes Fuentes para determinar los términos de búsqueda adecuados:
    o Archivos de registro del buscador interno
    o Paquete de análisis web
    o Competidores
    o Marketing *offline*
- Mejorar los términos de búsqueda
    o Formas en singular y plural
    o Sinónimos
    o Combinación de palabras
    o Utilizar programas que ofrecen sugerencias para diferentes términos de búsqueda
    o Datos de las conversiones
- Eliminar los términos de búsqueda poco relevantes

La estructura del sitio web

Un sitio web puede contener miles de páginas. ¿Cómo organizarlas de la mejor manera? ¿Dónde colocarlas y cómo estructurar el acceso a las mismas? Estas preguntas están relacionadas con la manera en que los usuarios navegan por el sitio web, pero la estructura también es importante para los buscadores. Explicaremos cómo crear una estructura óptima para el sitio web mediante el análisis de los términos de búsqueda y qué hacer con el resultado.

En este capítulo aprenderás:

- *Qué es la estructura de un sitio web*
- *Por qué es importante la estructura de un sitio web*
- *Cómo determinar la estructura de un sitio web*

La estructura de un sitio web

Casa del libro tiene decenas de miles de libros publicados *online*. ¿Qué pasaría si quisiera listar todos estos títulos en su página de inicio? Nadie encontraría el libro que busca. Por este y otros motivos es importante dividir el sitio web en categorías y subcategorías. Esto no solo beneficiará a los usuarios sino también a los buscadores, que necesitan una estructura clara para poder entender un sitio web.

Crear una estructura sólida es más complicado de lo que parece. En este capítulo seguiremos con el ejemplo de Casa del libro para mostrar de qué manera se puede estructurar un sitio web. Lo haremos paso a paso, explicando los razonamientos que subyacen en cada fase. Lo importante es comprender que una buena estructura parte de un análisis sólido de los términos de búsqueda: los términos más importantes deben aparecer en los lugares más prominentes dentro del sitio web.

Es muy importante colocar los miles de títulos de Casa del Libro en categorías. Estas son dos de las categorías de Casa del Libro, con subcategorías:

Hay que tener en cuenta lo siguiente:

- La página de inicio debe enlazar a las categorías
- Las categorías deben enlazar a subcategorías, libros destacados y a la página de inicio

- Los libros deben enlazar a la categoría a la que corresponden y a la página de inicio

En términos generales, esto significa que siempre se puede hacer clic para descender un nivel a la vez o subir todos los niveles. Podemos crear enlaces hacia todos los niveles a través de las migas de pan (en inglés, *breadcrumbs*), que indican al usuario y al buscador en qué página del sitio web se encuentra.

Inicio > Economía > Marketing y publicidad

Tanto en las migas de pan como en los demás enlaces del sitio web, debe utilizarse un *anchor text* (texto ancla, es decir, el texto del enlace) optimizado. Cada página tiene una palabra clave por la que posicionar, que es la que se debe incluir en el *anchor text* para indicar a los buscadores sobre qué trata la página web.

También ayudamos a los buscadores a entender qué páginas dentro de un sitio *web* son las más importantes. En general, los buscadores consideran que las páginas que se encuentran en los niveles superiores de la estructura del sitio *web* son las más importantes. Además, los buscadores (en especial Google) también determinan la importancia de una página en relación con el número de enlaces que apuntan hacia ella. Cuantos más enlaces apunten hacia una página concreta, mejor valoración obtendrá de Google, aunque hay que considerar que no todos los enlaces tienen el mismo valor. Exploraremos el tema con más detalle en los capítulos 8 y 9.

El valor del enlace hacia una página *web* no se puede expresar en números. Es habitual confundir el valor del enlace con el famoso PageRank de Google, pero este indicador no es suficiente para medir el valor del enlace. En los capítulos sobre los enlaces externos (capítulos 8 y 9) abordaremos el tema con mayor profundidad.

Por regla general, la página de inicio es la que mayor peso tiene dentro de la web, ya que la mayoría de los enlaces externos apuntan hacia ella. La página de inicio atrae muchos enlaces externos por lo que logra un elevado valor, al igual que las páginas de categorías, que corresponden al segundo nivel de jerarquía. Desde este punto de vista, conviene prestar atención a estas páginas, tenerlas en cuenta como páginas de información útil para el usuario e incluir en ellas algo más que el listado de los libros. Si damos importancia a estas páginas para los usuarios, estamos más cerca de conseguir que el buscador entienda que realmente son importantes.

Obviamente, la estructura real del sitio web de Casa del libro es mucho más complicada que la simplificación que tomamos como ejemplo. Esta estructura no tiene en cuenta las recomendaciones o cualquier otra clasificación relevante. Estos grupos se incluirán más adelante en la estructura del sitio web pero ahora es importante tener una idea clara de los contenidos. Un mapa mental como el expuesto anteriormente puede arrojar algo de luz sobre algunas cuestiones, como:

- A través de qué páginas web navega el usuario para llegar al destino (ruta de navegación)
- Cuáles son los nodos más importantes del sitio web
- Cómo está distribuido el valor del enlace dentro del sitio web

Hasta ahora hemos planteado una estructura jerárquica en forma de árbol, que muestra la interconexión de enlaces entre varias páginas *web* y, por supuesto, cuanto más alta se encuentre una página en el árbol, más importante será.

Posicionamiento de los términos de búsqueda importantes

Según el ejemplo que hemos expuesto, lo lógico es que los términos más competitivos estén ubicados en la parte más alta del árbol, de manera que las páginas *web* situadas en los niveles superiores (cerca de la página de inicio) tengan más influencia que las que se sitúan en las partes más bajas. Por este motivo es tan importante analizar detenidamente qué páginas queremos que aparezcan en la zona alta del árbol. En términos generales, las páginas *web* con información genérica ocuparán los lugares altos, mientras que las páginas con

información específica, como las de producto, ocuparán los lugares inferiores.

En algunos casos es necesario agregar páginas adicionales a la estructura del sitio *web*, simplemente para que se acceda a las páginas principales más fácilmente. Por ejemplo, 'novela' es un término de búsqueda popular en Internet, pero no servirá de nada si lo ubicamos en las zonas bajas del árbol. En cambio, para lograr un buen posicionamiento debemos incluirlo en la parte alta y desarrollar otras páginas *web* que lo enlacen desde abajo.

Estructura plana o profunda del sitio *web*

¿Cuán profunda debe ser la estructura de un sitio *web*? ¿Cuántos niveles debe tener un árbol? ¿Debe Casa del libro colocar todos sus libros en una sola categoría o debe utilizar subcategorías e incluso sub-subcategorías? En SEO se hace referencia a estructuras planas o profundas; la siguiente imagen ayuda a clarificar las diferencias:

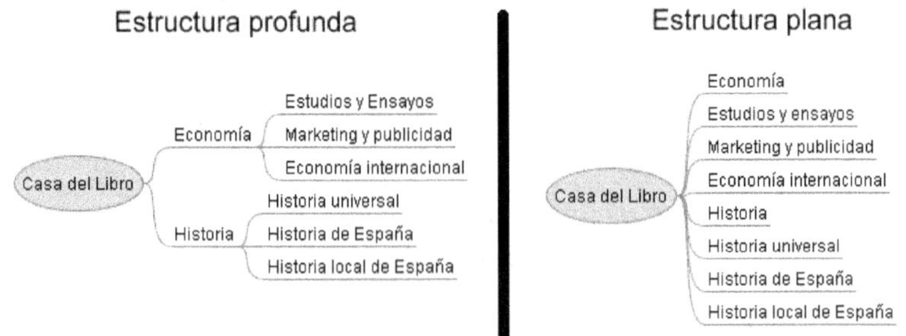

Analizando el caso de Casa del libro en el que tenemos que lidiar con miles de libros, es obvio que una estructura de tres niveles no es suficiente. Cada categoría listaría miles y miles de libros, algo muy poco práctico, por eso lo recomendable sería tener al menos tres niveles de categorías dentro de la estructura. Sin embargo, esta es solo una regla de oro que podemos tener en cuenta; en algunos casos es posible que una categoría contenga solamente un número pequeño de libros, por lo que no tendría sentido añadir otros niveles.

Es difícil determinar cuántos niveles de profundidad debe tener un sitio web pero podemos decidir basándonos en la experiencia y el pensamiento lógico. Los buscadores prefieren las estructuras planas, pero esto puede hacer que el sitio web pierda usabilidad. Una estructura plana hace que el sitio web sea muy amplio y horizontal y, por lo tanto, más difícil para navegar.

Los buscadores valoran que las temáticas de la web que enlaza y la que recibe el enlace sean similares. Estos enlaces están relacionados con la estructura del sitio web que terminaremos de definir en este capítulo. Si siempre enlazamos los elementos dentro de una misma rama del árbol, aseguraremos una relación temática entre las páginas web.

Términos de búsqueda únicos para cada página web

Imaginemos que en una librería *online* encontramos la siguiente estructura:

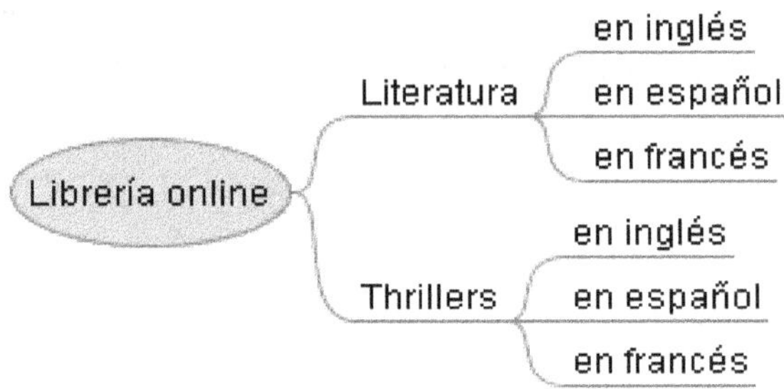

En este índice tenemos dos categorías con la etiqueta 'en inglés', dos con la etiqueta 'en español' y dos con la etiqueta 'en francés'. Este es un término de búsqueda pobre, y el hecho de que ambas subcategorías tengan el mismo nombre tampoco ayuda. Cada página creada dentro de la estructura del sitio web debe tener un término de búsqueda único. El término de búsqueda único es una palabra relevante para una página web en particular y a la misma vez es el término por el que se trata de posicionar la página. Si tenemos varias páginas web centradas en los mismos términos de búsqueda, terminarán por competir entre ellas. Podemos prevenir esta situación asegurándonos de que cada página web tenga un término de búsqueda específico y único. La distribución inadecuada de las categorías puede resolverse así:

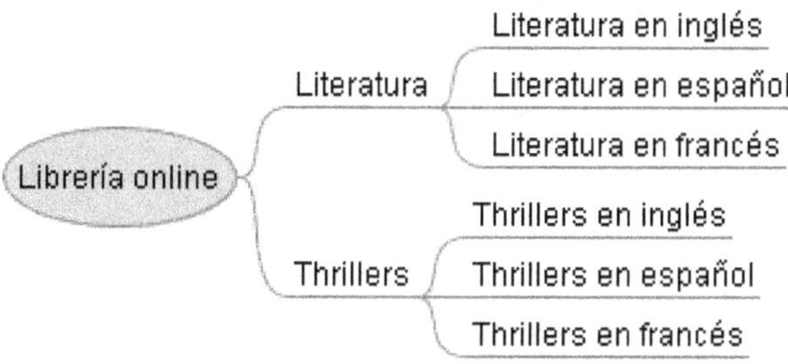

En ocasiones se afirma que puede ser positivo tener múltiples páginas web con los mismos términos de búsqueda, después de todo, si tenemos más entradas para cierta búsqueda, mayor será la probabilidad de que el usuario haga clic sobre alguna de las páginas de nuestro sitio web. Pero no es tan sencillo. En primer lugar, los buscadores aplican una limitación de entradas para cada dominio en la página de resultados, con el objetivo de mostrar diversidad de respuestas para la búsqueda. En segundo lugar, nuestra experiencia nos ha demostrado que es más sensato centrar el esfuerzo en un término de búsqueda único para una página web que malgastar nuestras fuerzas en múltiples páginas.

Un segundo árbol

Como hemos dicho antes, la estructura del sitio web está basada en el análisis de los términos de búsqueda. En el caso de Casa del libro, el análisis nos demuestra que hay muchos grupos relevantes de términos que se emplearán para buscar:

- Títulos de los libros
- Categorías
- Autores

Hasta ahora solamente hemos incluido en la estructura del sitio web dos de estos grupos: los títulos de los libros y las categorías. La siguiente pregunta es: ¿cómo agregamos los autores a nuestro árbol? Ante todo, es importante reconocer que un autor está irremediablemente relacionado con un libro, pero es más complicado relacionarlo con una categoría. Si quisiéramos incluir los autores en nuestra estructura, el lugar lógico que ocuparían sería el siguiente:

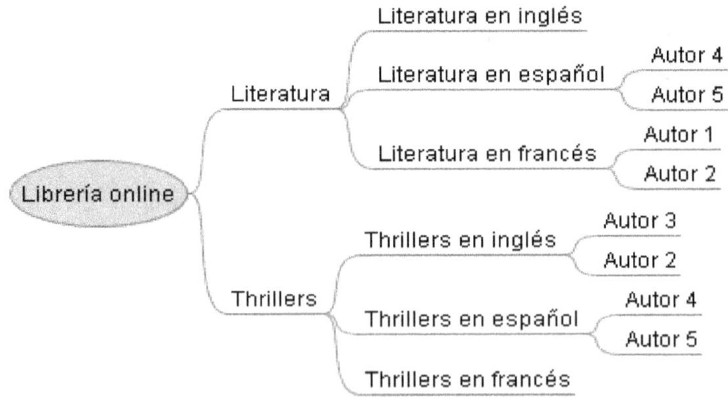

Sin embargo, esto presenta un escenario indeseado. Por ejemplo, es posible que un autor haya escrito libros en varias categorías, lo que significaría que un autor debería tener su propia página dentro de varias categorías, siempre con los mismos términos de búsqueda. Pero hemos advertido antes de que es mejor que cada página tenga su término de búsqueda propio y único. Afortunadamente, hay varias maneras de resolver esto: una de ellas es no seguir esta estructura y crear una categoría de autores:

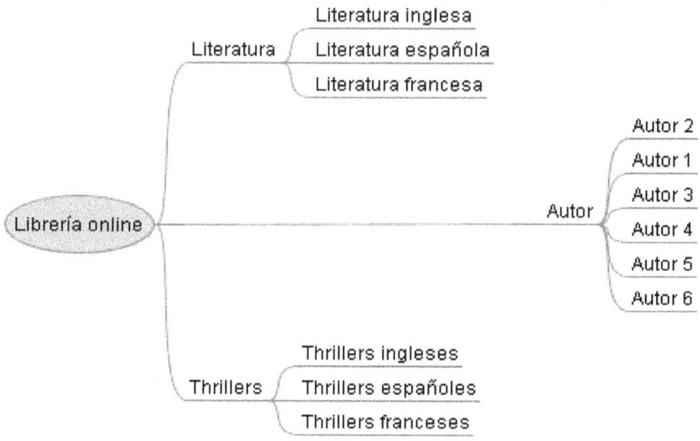

Tenemos ahora dos árboles separados (que a su vez se unen con la página de inicio para formar nuevamente un árbol individual). Uno de estos árboles corresponde a los libros y el otro a los autores pero ambos están conectados a través de enlaces (las páginas *web* de autores se enlazan con los libros que han escrito y viceversa). Así, existen dos maneras distintas de localizar un libro: a través de las categorías o de los autores.

Otra manera de solucionar la duplicación de páginas es respetar la primera estructura pero utilizar la etiqueta canonical para indicar a los buscadores la versión principal de la página, y no incurrir en contenido duplicado. El uso de la etiqueta canonical permite asegurarse de que el peso de los enlaces hacia cualquier versión de la página se acumula en la versión que nos interesa.

💣 Cada árbol extra que agregamos resta un poco de valor al enlace. Este valor se distribuye entre las páginas de cada árbol, por lo que es preciso determinar si vale la pena crear árboles adicionales. Como regla general, solamente debe hacerse cuando los términos de búsqueda de las nuevas páginas web pueden atraer un volumen de tráfico relevante.

Definir la estructura de un sitio web

Definir la estructura de un sitio web puede ser una tarea ardua. En el caso de una librería con tantos títulos como Casa del libro, sería poco práctico incluir en una sola estructura de árbol los cientos de categorías del sitio web o los libros individuales. Por suerte, esto no es necesario, se puede elegir un pequeño número de libros para crear un esquema e identificar sus relaciones y agregar el resto de los libros y las categorías a una hoja de cálculo.

Excel ofrece muchas funcionalidades que se pueden utilizar para desplazar las columnas o realizar múltiples cambios en el texto a la misma vez. También se pueden utilizar otras herramientas como Freemind y Viso.

	Nivel 1	Nivel 2	Nivel 3	Nivel 4	Nivel 5
2	Home				
3	Home	Literatura			
4	Home	Literatura	Literatura española		
5	Home	Literatura	Literatura española	[libro]	
6	Home	Literatura	Literatura inglesa		
7	Home	Literatura	Literatura inglesa	[libro]	
8	Home	Literatura	No ficción		
9	Home	Literatura	No ficción	Libros de no ficción	
10	Home	Literatura	No ficción	Libros de no ficción	[libro]
11	Home	Literatura	No ficción	Libros de no ficción de bolsillo	
12	Home	Literatura	No ficción	Libros de no ficción de bolsillo	[libro]
13	Home	Literatura	No ficción	Historias reales	
14	Home	Literatura	No ficción	Historias reales	[libro]
15	Home	Literatura	No ficción	Entrevistas	
16	Home	Literatura	No ficción	Entrevistas	[libro]
17					

Sin embargo, es más complicado definir las relaciones entre las páginas web específicas. Con Excel se puede apreciar con facilidad Se puede apreciar a qué categoría pertenece un libro, pero es más difícil establecer una relación entre el libro y el autor. Por eso puede ser útil realizar un mapa mental que facilite la comprensión de las relaciones y utilizar la hoja de cálculo para simplificarlo. El mapa mental no tiene que ser muy detallado ya que sería poco práctico incluir todos los libros y los autores, ya que estos cambian con regularidad.

¿Qué hacer con la estructura del sitio *web*?

Ahora que hemos definido la estructura del sitio *web* veamos cómo nos puede ayudar en la optimización. Ya habíamos mencionado que la estructura puede mostrar a usuarios y buscadores cómo navegar por el sitio *web*, de manera que la estructura incide sobre la navegación. En principio, solo debería de haber acceso a las páginas que se encuentran un nivel por debajo de la actual; es decir, desde la página de inicio (nivel 1) solo se accede a la página de nivel 2, y así, desde la página de nivel 2 se enlaza atrás a la página de inicio y también a una página de nivel 3.

Menú contextual

En la página de inicio se puede tener un menú con todas las categorías principales, por ejemplo:

Buscar por categoría
Animales y plantas
Arte y Cultura
Cómics
Deportes, Aficiones y Estilo de Vida
Esoterismo y espiritualidad
Fantasía y ciencia ficción
Filosofía y Religión
Historia
Informática e Internet
Lengua
Libros de cocina
Libros de texto
Libros Infantiles
Literatura y Novela
Negocios
Psicología y Salud
Thrillers e Intriga
Viajes
Todos los géneros

En la página de las categorías se puede incluir un menú contextual que funcione como un acceso rápido a páginas más profundas. El principal beneficio de este menú es que posibilita filtrar con rapidez los contenidos de las categorías. Por tanto, el contenido de este menú varía en función de dónde nos encontramos en el sitio web. Por ejemplo, estas serían posibles subcategorías de la categoría 'Informática':

Filtrar resultados
Categoría
Hardware y redes
Informática
Internet
Programación
Software

El uso de un menú contextual asegura que la mayor parte del valor del enlace se dirija hacia las páginas más altas en la estructura del sitio web.

Migas de pan

Cada página también tiene otro menú contextual: las migas de pan. Estas brindan al usuario (y a los buscadores) una forma sencilla de entender qué posición ocupa en la estructura una página web determinada. También ayudan a comprender por qué las páginas situadas en los niveles más altos de la estructura tienen más enlaces apuntando hacia ellas y, por tanto, sus propios enlaces otorgan más peso. Así, si una categoría tiene 2.000 libros, todas estas páginas web individuales enlazarán atrás a la página de la categoría.

Hay que puntualizar que las migas de pan no muestran el patrón que ha seguido un usuario para llegar a esa página -este es un error común debido a que el término 'miga de pan' se presta a la confusión-, sino que indica la posición de una página dentro de la estructura del sitio web, independientemente de cómo llegó hasta ahí.

El *anchor text*

Como hemos visto, según la estructura del sitio web se asignan términos de búsqueda principales para cada página; es decir, aquellos por los queremos que la página en cuestión posicione en los buscadores. Los buscadores asignan un gran valor al *anchor text*, el texto del enlace. El *anchor text* es la palabra o términos del enlace, en los que se hace clic para seguirlo y deberían describir la página web a la que enlazan. La imagen a continuación explica el concepto, como los buscadores le otorgan un gran valor a estos textos, en el momento de enlazar una página es importante utilizar sus términos de búsqueda principales.

Inicio > Economía > Marketing y Publicidad

La estructura de la URL

Una estructura óptima para una URL es aquella cuyos enlaces son una representación directa de la estructura del sitio web. Veamos unos ejemplos:

Estructura del sitio web	URL
Página de inicio	www.libreriaonline.com
Página de inicio > Literatura	www.libreriaonline.com /literatura
Página de inicio > Literatura > Cuentos	www.libreriaonline.com /literatura/cuentos

Como se observa en el ejemplo, la estructura de las migas de pan y las urls, representan la estructura del sitio web, de esta manera ayudamos al buscador a comprender la jerarquía de contenidos y a identificar fácil y rápidamente dónde está el contenido de búsqueda.

El mapa *web*

Muchos sitios web incluyen un mapa web (en inglés, *sitemap*), ya que este ofrece una visión de conjunto de la estructura. El mapa del sitio web se suele enlazar desde el pie de cada página y resulta de gran ayuda para los buscadores, ya que les permite acceder a cualquier página importante dentro del sitio *web* con solo dos clics.

Además del mapa web, todos los sitios web deberían incluir un *sitemap* en XML. Este *sitemap* ayuda a los buscadores a reconocer rápidamente todas las URL de un sitio *web*. En el capítulo sobre el servidor se abordará más detalladamente este tema.

Enlaces desde la página de inicio

Muchos sitios web, especialmente los que son tiendas online, tienen enlaces en su página de inicio que dirigen a varios productos recomendados, y según decíamos anteriormente, desde el punto de vista de la estructura del sitio web, esto va en contra de las recomendaciones, ya que en teoría deberían existir varios niveles jerárquicos entre la página de inicio y las páginas de los productos individuales. No obstante, como ya se ha mencionado también, la página de inicio es la que tiene más peso a nivel de enlaces, por lo que si se enlaza desde la misma hacia otras páginas web más profundas, las potenciamos y contribuimos a que mejore el posicionamiento en buscadores. Esta técnica se puede utilizar por razones comerciales para potenciar un producto en un momento dado.

Por eso es de vital importancia elegir adecuadamente qué enlaces se ubicarán en la página de inicio. Se recomienda enlazar las páginas web que tienen un alto porcentaje de conversión o las que aporten altos márgenes de beneficio. De la misma forma, también se debe analizar qué páginas *web* no son tan importantes como para estar enlazadas desde la página de inicio. Por ejemplo, muchos sitios *web* tienen una de las siguientes páginas, o incluso todas, enlazadas desde la página de inicio:

- Términos de uso
- Política de *cookies*
- *Copyright*
- Condiciones de uso
- Política de privacidad
- Etc.

Se suele incluir estas páginas únicamente por una razón legal pero muy pocos usuarios están verdaderamente interesados en leerlas. Al

enlazarlas, estas páginas web reciben una parte del valor de la página de inicio, que podría utilizarse de manera mucho más eficiente, por ejemplo, enlazando a la página del libro más vendido de la web. Una posible solución es hacer que estos enlaces estén disponibles para el usuario pero no para los buscadores. Normalmente un enlace en HTML tiene la siguiente estructura:

```
<a href="http://www.sitio.es/terminos-uso">Términos de uso</a>
```

Pero, se puede añadir un atributo al enlace que lo haga 'invisible' para los buscadores y a la vez mantenga la página *web* indexada:

```
<a href="http://www.sitio.es/terminos-uso"
rel="nofollow">Términos de uso</a>
```

Al añadir el atributo rel="nofollow" al enlace que apunta a la página web 'Términos de uso', esta no recibe ningún valor del enlace, lo que significa que el mismo se distribuirá entre las demás páginas web que reciban enlaces y se consideren más relevantes. Esta es una forma de comunicarle a Google que el enlace existe para los usuarios pero no para los buscadores.

Conclusión

No es fácil crear una buena estructura para un sitio web por lo que tener alguna experiencia en SEO siempre será de gran utilidad. No obstante, los contenidos ofrecidos en este capítulo son suficientes para adquirir un nivel básico. Una vez que se han determinado los términos de búsqueda, es necesario invertir tiempo en estructurar adecuadamente el sitio web, asegurarse de que todos los términos relevantes estén incluidos y de que las palabras más importantes ocupen las posiciones más altas en la jerarquía. La estructura tiene implicaciones importantes para el sitio web como, por ejemplo, una vez definidas las páginas del sitio web, se deberá escribir el contenido para cada una de ellas. En el próximo capítulo se explica cómo hacerlo.

Lista de verificación

- Posicionamiento de los términos de búsqueda más importantes:
    - Categorizar todos los términos de búsqueda.
    - Crear un índice de todas las páginas que se incluirán en el sitio web. Prestar atención a los siguientes aspectos:
        - ¿Están relacionadas en la estructura las páginas web con contenido similar?
        - ¿Están las páginas web importantes en la parte superior del árbol jerárquico?
        - ¿Tiene cada página web un término de búsqueda propio y único?
- ¿Qué hacer con la estructura del sitio web?
    - ¿Permite el menú de la página de inicio acceder a todas las páginas del nivel 1?
    - ¿Se incluyen menús contextuales a partir del nivel 2?
    - ¿Se han incluido migas de pan?
    - ¿Se han utilizado los términos de búsqueda como *anchor text*?
    - ¿Las URL representan la estructura web?
    - ¿Hay un mapa web?
    - ¿Tienen los enlaces no relevantes de la página de inicio el atributo *no follow*?

El contenido

El contenido es el aspecto más importante de la Optimización para buscadores. La lógica que sustenta esta afirmación es muy sencilla: los usuarios utilizan los buscadores para localizar la información que necesitan pero solo encontrarán nuestro sitio web si contiene (o está muy relacionado) con algunos de los términos de consulta utilizados. En otras palabras, la información del sitio web y los términos de búsqueda que introducen los usuarios del buscador proporcionan la base sobre la que se posiciona una página. Además del contenido, la estructura y los aspectos técnicos del sitio web son los otros factores importantes. No obstante, si el contenido no tiene calidad, resulta más difícil conseguir un buen posicionamiento en los buscadores, sin importar cuán adecuado sea el sitio web desde el punto de vista técnico.

Esto significa que la calidad del contenido desempeña un papel fundamental para el posicionamiento en los buscadores y, además, el contenido debe ser único, es decir, no debe publicarse en más de un sitio web. ¿Cómo escribir páginas web optimizadas para los buscadores? Sobre esto tratará el capítulo.

En este capítulo aprenderás:

En este capítulo analizaremos cómo escribir un contenido SEO friendly (contenido que tenga en cuenta los requisitos de los buscadores) para el sitio web y describiremos algunas de las 'mejores técnicas' de redacción de los diferentes tipos de contenido, basándonos en ejemplos y en nuestra experiencia. Finalmente nos referiremos a algunos errores comunes y cómo evitarlos.

Introducción

El nombre Casa del libro está asociado a una librería y, además, los buscadores pueden apreciar esta conexión porque 'libro' pertenece a la familia de 'librería'. Pero, por ejemplo, en el caso de www.amazon.es, el buscador se basa en las palabras que se utilizan en el sitio web para definir la temática del mismo, porque el nombre y la url no aportan contenido. Permítanos el lector el ejemplo, al margen de que Amazon sea ya un viejo conocido de los usuarios y los buscadores, nos sirve para la explicación. Si Amazon utiliza una gran cantidad de títulos de libros e imágenes, a sus usuarios les quedará claro que vende libros. Pero, si no usa términos como 'libro' y 'libros', los buscadores podrían asumir que esta página web se refiere a temas totalmente diferentes como: 'cocina', 'harry potter' o 'África'. Este ejemplo demuestra que aunque la información puede ser muy evidente para los usuarios, ello no significa necesariamente que los buscadores la comprendan. Si el sitio web bloquea el acceso a la información y contenido a los buscadores, estos tendrán dificultad para identificar su temática y no se logrará un buen posicionamiento.

Antes incluso de empezar a redactar el contenido para el sitio web hay que pensar qué buscan los usuarios potenciales. La finalidad del sitio web es atraer tráfico y para ello es importante conocer quiénes son los usuarios, qué palabras utilizan en los buscadores y qué tipo de información están buscando. Y, por supuesto, tampoco debe perderse de vista que el sitio web es una fuente de información para los usuarios que están buscando ese contenido, la mejor opción es detallar la finalidad del sitio web y los servicios o productos que se ofrecen.

Redactar para Internet

Redactar contenido para Internet es distinto de escribir un libro, ya que los usuarios tienden a "escanear" las páginas web que ven en la pantalla y dedican pocos minutos o incluso segundos a leerlas. Esto significa que tienen expectativas diferentes que deben ser tomadas en consideración en el momento de redactar el contenido. Por eso nos referimos a algunas reglas básicas que serán de ayuda para redactar contenido para Internet.

A nivel de sitio web: Definir una estructura de lo general a lo específico

A diferencia de las páginas web principales que se encuentran en los primeros niveles jerárquicos, las páginas *web* más profundas deberán contener una información mucho más detallada y específica cuyo contenido sea realmente relevante y se corresponda con la

temática. Así, el estilo y la concreción dependerán del nivel jerárquico de la página dentro del sitio web.

En la página de inicio se describirá a qué se dedica la empresa, se pueden mencionar las propuestas exclusivas de venta así como promover los principales aspectos del negocio sobre los que se desea atraer la atención. Una vez entendido el propósito de la web, los usuarios serán capaces de determinar si es lo que están buscando o no y, en caso afirmativo, se dirigirán a las categorías específicas que les permitirán hacerse una idea general sobre los productos o servicios que se ofrecen. Desde la página de inicio navegarán hacia las subcategorías hasta llegar finalmente a las páginas de los productos o servicios. Obviamente, las páginas web de los productos exigen una información diferente en comparación con las páginas generales, por lo que el estilo de redacción dependerá del tipo de página y de su posición dentro de la estructura del sitio web.

Siguiendo con el caso de Casa del libro, pongamos como ejemplo que tenemos que redactar una pieza de contenido sobre el libro de Harry Potter. Identificamos términos como 'harry potter', 'hogwarts', 'misterio del príncipe', etc.; decidimos en este caso no prestar especial atención al género (fantasía) ni a términos generales como 'comprar libro', ya que existen otras páginas dentro de la estructura del sitio web que apuestan por estos términos).

Esta regla es extremadamente importante en SEO. Cuando en una página web existen múltiples temas, a los buscadores les será difícil comprender la temática de la misma y esto implica que la página será menos relevante para un término de búsqueda si se le compara con la página de un competidor que se haya centrado en una única temática. Por eso se debe ser muy riguroso en relación al tema de cada una de las páginas web y que cada página tiene que tener una palabra clave específica por la que intente posicionar.

A nivel de página web: Ubicar las conclusiones en la parte superior

Conviene comenzar siempre con un resumen o destacando qué se pretende en una página concreta. Esto puede parecer un poco críptico pero como los usuarios normalmente no emplean mucho tiempo para leer en Internet y no llegan a las conclusiones al final de la página, es esencial transmitirle inmediatamente de qué trata la página web y qué pueden hacer en la misma. Una buena idea es utilizar en el primer párrafo las famosas 6W del periodismo (por sus siglas en inglés): Quién, Cuándo, Dónde, Por qué, Qué y Cómo. Después de las conclusiones se pueden retomar los puntos destacados uno a uno y elaborarlos.

25 palabras por oración, 5 líneas por párrafo

Conviene intentar que las oraciones se mantengan dentro de las 25 palabras y usar un máximo de 5 líneas por cada párrafo, seguido de un salto de línea; ofrecer al lector pistas visuales, como subtítulos

descriptivos (donde se incluyan los términos de búsqueda importantes), listas, imágenes, etc., todo lo que ayude a aligerar la densidad del contenido y que a la vez nos permita comunicar el mensaje.

Repetir la idea en diferentes partes del contenido y de maneras diversas

Los usuarios normalmente solo echan un vistazo a los contenidos *online*, especialmente si son largos. No obstante, los contenidos extensos son importantes para los buscadores. ¿Cómo resolver el dilema? La respuesta es sencilla: se debe plantear la idea y escribir la esencia del mensaje en la introducción, el cuerpo principal y el final; repitiendo el procedimiento incluso en los subtítulos. De esta forma los usuarios recibirán el mensaje incluso si solo han echado un vistazo rápido a la página web y conseguimos también que los buscadores reciban una cantidad de contenido suficiente como para poder interpretarlo y relacionarlo con las búsquedas de los usuarios.

Estructura clara dentro del texto

Como los usuarios solamente echan un vistazo al contenido *online* y debido a que los buscadores necesitan un contenido extenso para dotar de sentido a la página web, es muy importante que el contenido tenga una estructura clara, por ejemplo, mediante el uso de títulos y subtítulos.

Menos no es más

Muchos redactores creen que 'menos es más'; piensan que los contenidos deben ser cortos pero poderosos, especialmente si se trata de redactar para Internet.

No siempre es cierto.

Tal y como sucede con la información escrita en papel, los usuarios también leen todo el contenido *online* pero solo cuando consideran que vale la pena invertir parte de su tiempo y esfuerzo. Por ejemplo, un usuario llega dispuesto a leer en detalle una noticia en el sitio web de un diario. Eso significa que en algunos casos vale la pena centrarse más en la calidad del contenido que en las palabras clave y la cantidad.

Además, desde el punto de vista del marketing y la usabilidad, la repetición es un aspecto importante. Es recomendable explicar de varias formas por qué el producto X es estupendo o incluir opiniones de usuarios que estén satisfechos con el producto. También se aconseja variar las indicaciones que informan o guían al usuario sobre cómo llegar a completar la compra del producto, en una página web pueden utilizarse pistas visuales y en otras pistas de texto.

La extensión del contenido

Una cantidad de contenido razonable para que los buscadores puedan interpretarlo y darle relevancia oscila entre 250 y 1.500 palabras.A partir de nuestras investigaciones hemos concluido que 250 palabras es lo mínimo que debe redactarse, ya que los algoritmos de búsqueda necesitan cierto volumen de palabras para comprender el contenido de una página web. Por otra parte, observamos también que 1.500 es el máximo de palabras que los usuarios están dispuestos a leer en una sola página, insistimos en que esta no es una regla de oro, sino que depende del tipo de página web y no se aplicaría en sitios informativos.

Es habitual que los redactores se debatan entre las necesidades del buscador y de los usuarios y muchos intentan escribir lo más corto y conciso posible. Y es que la realidad demuestra que escribir un contenido donde confluyan las exigencias SEO y de marketing es un verdadero desafío. Hasta que los buscadores no sean capaces de comprender el contenido de una página web, los redactores deberán tomar en consideración estos criterios. En este capítulo explicaremos con más detalles cómo lograrlo.

Meta-contenidos

Al hablar de 'contenido', realmente nos estamos refiriendo a los tipos de contenidos que aparecen en diferentes lugares de la página web y que cumplen objetivos diversos. Distinguimos entre los meta-contenidos y los contenidos visibles en la página web (en inglés, on-page). Los meta-contenidos son los fragmentos de texto que se muestran en los resultados de búsqueda: el *title* y la meta-description. Los contenidos *on-page* son los textos que aparecen en la página web en sí misma. Ambos son importantes pero muchos sitios web no dan la importancia que merecen a los meta-contenidos.

La etiqueta <title>

La etiqueta *title* es el elemento más importante del contenido de una página web en términos de posicionamiento. ¿Qué es la etiqueta *title*?:

Los enlaces de texto en los resultados de búsqueda ofrecidos por Google o Bing:

Entradas. Tickets. Compra online. **Conciertos** - Festivales

La etiqueta *title* aparece también en las pestañas de los navegadores.

La etiqueta *title* se inserta en el código HTML, se coloca cerca de la parte superior, entre los códigos <title> y</title>:

<title> Entradas. Tickets. Compra online. Conciertos - Festivales</title>

¿Por qué es importante la etiqueta title?

Precisamente, porque los buscadores utilizan este pequeño fragmento de texto dentro de sus resultados de búsqueda y su atractivo es lo que incitará a los usuarios a entrar en el sitio web. Además, los buscadores le otorgan un gran valor a una buena etiqueta *title*. Si está bien escrita y es atractiva incitará a los usuarios a hacer clic en ella y si incluye los términos de búsqueda adecuados, será un factor suficiente para mejorar el posicionamiento de un sitio web. Hemos visto casos en los que simplemente cambiando la etiqueta *title* se ha logrado un aumento considerable del volumen de tráfico. Aunque sin restarle importancia a este elemento, la tendencia es a que cada vez tenga menos repercusión un único cambio aislado:

Optimizar la etiqueta *title* repercute positivamente en el tráfico del sitio web

Cómo escribir la etiqueta *title*

A continuación se muestran las pautas para escribir la etiqueta *title*:

Regla 1: 65 caracteres como máximo

¿Por qué solo 65 caracteres? Porque este es el número máximo de caracteres que se mostrarán en los resultados de búsqueda. Echemos un vistazo al conocido sitio web searchengineland.com, veremos que su etiqueta título posee 78 caracteres por lo que Google no incluye todo el texto sino que lo acorta para hacerlo más pequeño:

Etiqueta *title* cortada

Como muestra la imagen anterior, que el *title* sea demasiado largo afecta a cómo aparece esta página en los resultados de búsqueda.

Google no analiza únicamente los primeros 65 caracteres de la etiqueta título por lo que esta podrá tener lo mismo 78 que 300 caracteres de longitud. Sin embargo, las palabras que se mencionan

en los primeros 65 caracteres son las que tienen peso por lo que sería mejor escribir una etiqueta título corta.

Regla 2: Utilizar una llamada a la acción o hacer una pregunta

Una llamada a la acción significa incitar al usuario a que actúe de una forma determinada, en este caso concreto estaría dirigido a que haga clic en el enlace.

Ejemplo de una llamada a la acción:

'¿Necesitas un {producto}? ¡Compra {productos} baratos ahora!'

En este ejemplo cada palabra que aparece entre corchetes {} es una variable, de forma que se puede cambiar el término {producto} por cualquier palabra como 'bicicleta'.

Este tipo de *title* le envía una información mucho más explícita a los usuarios que están buscando un producto y les sugiere que visiten el sitio web para comprar lo que necesitan. Es importante mencionar tanto el término 'producto' como su plural, ya que los usuarios podrían buscar ambos. Además, la palabra 'barato' y la llamada a la acción ('compra ahora') pueden aumentar el número de clics.

Ejemplo de pregunta:

'¿Etiqueta *title* para *dummies*? Manual para escribir títulos SEO'

En el primer ejemplo también había una pregunta, pero en el segundo ejemplo falta la llamada a la acción. La segunda parte es, en esencia, la respuesta a la pregunta, una descripción del contenido de la página web.

Regla 3: Colocar al principio los términos de búsqueda importantes

Aunque esto parece lógico, a veces resulta difícil. ¿Cuál es el término de búsqueda más importante? El término de búsqueda más importante (o la combinación de 1 o más palabras) es aquel que sea único en la página del sitio web y, como tal, servirá para posicionarla en los buscadores. Con frecuencia se comete el error de no redactar *titles* únicos.

En el capítulo anterior sobre el análisis de los términos de búsqueda se aborda extensamente cómo encontrar y determinar los términos de búsqueda más importantes.

Regla 4: Incluir el nombre de marca

Muchas empresas deciden que la etiqueta *title* debe incluir su nombre al principio:

'{Nombre de marca} – resto del título'

Esta puede ser una buena opción para la página de inicio, pero en ningún caso para las páginas profundas del sitio web, en las que se debe limitar el *branding* al final del *title*. Un ejemplo de una página web para un producto podría ser:

'{Nombre del producto} - resto del título | Nombre de marca'

Recordemos que los usuarios escanean los resultados de búsqueda para ver qué página web ofrece una respuesta relevante a su consulta. ¿Colocar el nombre de la empresa al inicio puede tener un efecto positivo y aumentar la cantidad de clics? La mayoría de las veces la respuesta es negativa, a menos que se trate de una empresa como Nokia, Apple o el FC Barcelona.

Regla 5: Mucho más que un buen posicionamiento

El *title* no solo se utiliza para lograr un buen posicionamiento sino que también puede aumentar la cantidad de clics en las páginas de resultados ya que, en esencia, funciona como un pequeño anuncio de texto para el sitio web. Obviamente, lo ideal sería que la etiqueta *title* resulte tan atractiva que los usuarios hagan clic en el enlace; por eso

es importante que llame la atención del usuario y le incite a hacer clic. En realidad, es posible atraer más tráfico desde la tercera posición de los resultados de búsqueda con una etiqueta *title* atractiva que desde las posiciones 1 o 2 con un *title* pobre.

Regla 6: Comprobar la competencia

Es una buena táctica comprobar los sitios web que compiten por términos similares, nos da una idea sobre si están trabajando el posicionamiento natural, qué palabras clave están utilizando, qué posicionamiento tienen en los resultados de búsqueda, etc. Saber lo que hace la competencia nos ayudará a elaborar una estrategia que nos permita distinguirnos de la masa, especialmente cuando los términos son muy competidos.

La meta-description

El término '*meta-description*' se utiliza para indicar dos elementos:

Un texto corto en la parte <head> del código fuente HTML: <meta name="description" content="el texto de la meta description" />

```
<meta name='description' content='Search Engine Land is a
must read hub for news and information about search engine
marketing, optimization and how search engines such as
Google, Yahoo, Microsoft Live.com and Ask.com work for
searchers.'/>
```

Meta-description en el HTML

También corresponde al fragmento de texto que se muestra en los resultados de búsqueda debajo de la etiqueta *title*.

Fragmento de los resultados de una búsqueda en Google

A esta segunda versión se le conoce en SEO como 'snippet'. Por ejemplo, si no se coloca una *meta-description* en el código fuente HTML, los buscadores mostrarán igualmente un fragmento del contenido de la página web, pero este fragmento no tiene por qué coincidir con un buen extracto que defina el contenido de la página y, por lo tanto, no contribuirá a convencer al usuario de hacer clic.

Las meta-description son importantes para los usuarios y los buscadores. Además, Google las usa para mejorar la experiencia de los usuarios con su motor de búsqueda, en sus propias palabras:

'[la meta description] dirige rápidamente hacia los buenos resultados y reduce las posibilidades de realizar clic y retroceder, algo que provoca mucha frustración en los usuarios y aumenta artificialmente las estadísticas del tráfico web.' [8]

---

[8]http://googlewebmastercentral.blogspot.com/2007/09/improve-snippets-with-meta-description.html.

Los usuarios utilizan los 'snippet' para confirmar que lo que leen en el título o enlace de los resultados de búsqueda es exactamente lo que están buscando. Así, una meta-description bien escrita puede aumentar la cantidad de clics que conducen al sitio web.

En 2009 Google introdujo dos mejoras relacionadas con las meta-description:

-   1 línea más para las meta-description en resultados para consultas de más de 3 palabras. Los ingenieros del buscador consideran que en una búsqueda con más de tres palabras, las descripciones con una longitud estándar pueden no dar suficiente información ni suficiente contexto. Y por ello decidieron aumentar en una línea esa información, como se puede ver en este ejemplo de búsqueda "las mejores recetas de cocina con pescado":

-   "Rich snippets" (fragmentos enriquecidos) para dar más información sobre las páginas, utilizando los metadatos. Google ofrece actualmente fragmentos enriquecidos para información relacionada con personas, eventos, opiniones, productos, recetas, música, software y migas de pan (*breadcrumbs*). Un ejemplo típico es la valoración de los usuarios de una película en un sitio web mediante sus votaciones:

The Godfather (1972) - IMDb
www.imdb.com/title/tt0068646/ - Traducir esta página
★★★★ Puntuación: 9.2/10 - 1,492 comentarios
The aging patriarch of an organized crime dynasty transfers control of his clandestine empire to his reluctant son.
Dirigida por Francis Ford Coppola. **Protagonistas** Marlon Brando, Al Pacino, James Caan.

Y en 2011 Google introdujo una nueva mejora, nuevas meta-description para páginas de listados. En lugar de mostrar 2 líneas de texto, cuando Google detecta que la página es fundamentalmente una lista estructurada (ya sea una tabla o una serie de listas), la meta-description pasa a ser un listado de 3 filas o ítems relevantes. Si retomamos la misma búsqueda de antes, "las mejores recetas de cocina con pescado", en la primera página de resultados uno de ellos aparece así:

Las mejores recetas de **Pescados** y mariscos | verycocinar.com
www.verycocinar.com/tipo_de_plato/pescados_y_mariscos
> 30 elementos – **Las mejores recetas** de **Pescados** y mariscos en vídeo en ...
- ver **receta**: Gelée de frutos del mar
- ver **receta**: Gambas al vapor de amontillado
- ver **receta**: Bacalao con hinojo, naranja y aceitunas

Como se ve en la imagen, además de mostrarnos 3 elementos de la lista, la meta-description nos da una aproximación de los elementos que contiene esa lista, en este caso más de 30.

Cómo escribir la meta-description: 5 reglas básicas

He aquí algunas orientaciones para escribir una meta-description convincente.

Regla 1: < 150 caracteres

Si la meta-description tiene más de 150 caracteres, los buscadores la acortarán:

Search Engine Land is a must read hub for news and information about search engine marketing, optimization and how search engines such as Google, Yahoo, ...

Fragmento acortado de los resultados en la búsqueda de Google

Esto no significa que la descripción siempre deba aproximarse a los 150 caracteres, de hecho, una meta-description más corta puede ofrecer mejores resultados:

Find local businesses, view maps and get driving directions in **Google** Maps.

Meta-description corta en los resultados de búsqueda de Google

Regla 2: Mejorar el Click-Through Rate (CTR) o Porcentaje de clics sobre impresiones

Las meta-description no tienen ninguna influencia en el posicionamiento del sitio web. Pero esto no significa que no sirvan para nada. De hecho, podemos ver la meta-description desde la misma perspectiva que un anuncio de Google AdWords, si los usuarios confían en los resultados de búsqueda, entonces ¿por qué no todo el mundo hace clic en el primer resultado? Simplemente porque los usuarios también escanean los otros resultados y si encuentran una meta-description atractiva, ahí es donde harán clic.

Regla 3: Usar los términos de búsqueda

Aunque las descripciones no inciden en el posicionamiento de la página web, conviene incluir los términos de búsqueda ya que estos influyen positivamente en el proceso de decisión, es decir, reafirman lo que dice el *title* y explican más detalladamente lo que el usuario encontrará en la página de destino. Además, si la palabra clave utilizada coincide con el término de búsqueda, Google lo resalta en negrita, ganando así en visibilidad. Lo mismo vale para las URL y los *title*.

Regla 4: Los tipos de términos de consulta y de descripción

La información en la web se presenta de diferentes formas, a la vez que los usuarios usan diferentes tipos de términos de consulta según el objetivo de su búsqueda. Los cuatro tipos de búsqueda más comunes son:

- **Término de consulta relacionado con la navegación**: los usuarios buscan un sitio web que trate sobre un tema determinado, por ejemplo, 'Apple'.

- **Término de consulta con fines informativos**: los usuarios buscan información no comercial, como podría ser: 'nombre del actor de El padrino'.

- **Término de consulta con fines comerciales**: una búsqueda que mezcla el interés comercial e informativo, por ejemplo, 'carpintería mérida'.

- **Término de consulta transaccional**: alguien que busca una empresa local o intenta realizar una compra, como podría ser: 'comida italiana para llevar sevilla'.

Es relativamente fácil pensar en los términos que los usuarios buscarán para encontrar las páginas más importantes del sitio web, y a partir de ahí las meta-descriptions (y el contenido de la página web) se deberán ajustar a este criterio. Un buen ejercicio es responder a las preguntas que podrían realizar los usuarios:

➢ Ejemplo de meta-description para una página que responda a una consulta informativa sobre Apple:

"Lee todas las noticias y novedades relacionadas con Apple. Análisis a fondo de todos los productos de Apple."

> Ejemplo de meta-description para una consulta de búsqueda de información sobre el actor de El Padrino:

"El Padrino, película dirigida en 1972 por Francis Ford Coppola, protagonizada por Marlon Brando (Don Vito Corleone) y Al Pacino (Michael Corleone)."

> Ejemplo de meta-description para una consulta de búsqueda que mezcla el interés comercial e informativo, por ejemplo, 'carpintería mérida':

"Servicios de carpintería en Mérida. Montaje e instalación de muebles y elementos de carpintería, profesionales con experiencia."

> Ejemplo de meta-description para término de búsqueda transaccional, por ejemplo, 'comida italiana para llevar sevilla:

"Llevamos rápido comida italiana a domicilio en todo Sevilla: pastas y pizza de la mejor calidad desde 10 euros. ¡Pruébalo!"

Regla 5: Las oraciones completas no siempre son necesarias

En ocasiones no hay necesidad de escribir oraciones completas ya que estas, para ser gramaticalmente correctas y comprensibles, suelen obligar a usar más palabras y signos de puntuación que acaparan una parte de los caracteres que deberían usarse para transmitir la idea. No siempre se logra que una oración completa sea más atractiva o provea el mejor servicio a los usuarios. Tomemos como ejemplo una página web de un libro, en ella se pueden incluir aspectos como: el precio, el editor, etc. Un ejemplo:

<META NAME="Description" CONTENT="Título: El nombre de la rosa; Autor: Umberto Eco; ISBN: 8497592581; Categoría: Libros; Precio: 21,50; número de páginas: 552">

Esta descripción es correcta y se puede generar de forma automática, aunque eso sí, sería más conveniente incluir una llamada a la acción para asegurarse de que los usuarios pasen de la búsqueda a la compra.

Encabezados y sub encabezados

¿Qué es el encabezado?

Quien esté familiarizado con los procesadores de textos como Microsoft Word, sabrá que estos dan la opción de organizar los documentos a partir de los 'encabezados' (en inglés, *header*).

Por ejemplo, el encabezado 1 es el más importante y se utiliza para indicar un capítulo; el encabezado 2 podría utilizarse para los párrafos; el encabezado 3 para los subpárrafos y así sucesivamente. El uso de los encabezados y su organización jerárquica permite

estructurar un documento e incluso crear contenidos para las páginas web de forma automática.

Un documento HTML se crea de forma similar. Por ejemplo, un capítulo sobre el 'contenido web' en una página HTML quedaría así:

```
<html>
<head>
<meta description="" />
<title>[título]</title>
</head>
<body>
<h1>Tema principal: Contenido web</h1>
<p></p>
<h2>Subtema:Meta-datos</h2>
<p></p>
<h3>Sub-subtema: Meta-description</h3>
<p></p>
</body>
</html>
```

La parte más importante del encabezado es el título del capítulo: 'Contenido web' y se coloca dentro de la etiqueta <h1>. Un párrafo de encabezado puede situarse dentro de la etiqueta <h2>, y un subpárrafo dentro de la etiqueta <h3>.

¿Por qué es importante la etiqueta <h1>?

Cuando alguien sitúa una parte del texto dentro de la etiqueta <h1> los buscadores entienden que esta parte del contenido es importante para la página web, define la temática. Es más importante que el texto plano y mucho más que algo escrito dentro de la etiqueta <h2>. Así, se puede otorgar un peso diferente a los términos de búsqueda dentro del contenido según interese.

¿Cómo escribir un encabezado?

No existen muchos consejos sobre cómo escribir un encabezado. El encabezado número 1 debe incluir la palabra clave principal de la página web. Los encabezados posteriores y menos importantes se utilizarán para dotar de una estructura a la página web y para ayudar a los usuarios que solo escanean rápidamente las páginas a identificar el contenido que les interese. En los encabezados secundarios se deben usar palabras clave secundarias y sinónimos de la principal.

La diferencia entre los encabezados y las etiquetas *title*

Los encabezados y las etiquetas *title* difieren por el lugar donde se sitúan. La etiqueta *title* no se publica en la página web misma y el encabezado no se muestra en los resultados de búsqueda, ya que ambos tienen funciones diferentes. La etiqueta *title* se utiliza como una firma de la página fuera de ella misma y es el fragmento de texto más importante a nivel de posicionamiento. El encabezado número 1 resume el contenido de la página, de manera que ayuda tanto al

usuario como al buscador a identificar la temática de la misma, una vez dentro.

Por este motivo, puede ser muy conveniente que el *title* y el encabezado sean distintos, ya que tienen funciones distintas. En el caso de que ambos no se puedan separar porque el gestor de contenidos (CMS) no lo permita, se debe priorizar el *title,* ya que es mucho más importante que el encabezado a la hora de posicionar en los resultados naturales.

El cuerpo del contenido

El (sin)sentido de la densidad de las palabras clave

Antes de explicar cuándo y con qué frecuencia se deben utilizar las palabras clave en el contenido de una página, debemos desmontar ciertos mitos muy extendidos en la red.

La densidad de palabras clave es un porcentaje que muestra con qué frecuencia se utiliza un término en relación con la cantidad total de palabras presentes en el contenido. Muchos *webmaster* aún consideran que para escribir un contenido optimizado (*SEO friendly*) simplemente basta con incluir una elevada densidad de palabras clave. Después de todo, los buscadores cuentan las palabras por página web, así que parecería sensato concluir que cuanto más se mencione una palabra, más relevante será para la página.

Desmontemos el mito. Obviamente, en el cuerpo del contenido debe aparecer unas cuantas veces la palabra clave principal, pero los buscadores superaron la fase matemática hace mucho tiempo. La densidad de palabras clave no determina la relevancia de una página dentro del buscador, siempre y cuando se hayan incluido en los elementos principales que citamos en la próxima sección. Además, forzar una alta densidad de palabras clave en el texto es perjudicial para el usuario, porque el texto pierde calidad y puede volverse menos comprensible.

Además, hay que tener en cuenta Google Penguin, una importante modificación del algoritmo de Google que desde abril de 2012 afecta a los sitios web sobreoptimizados. Concretamente, Penguin empeora el posicionamiento de aquellos sitios que mediante el uso abusivo de palabras clave intentan "manipular los resultados del buscador".

Por ello, no solo es recomendable dejar de obsesionarse con introducir una y otra vez la misma palabra clave en el contenido de una página, sino que hay que ser cuidadoso y tratar de no repetirla demasiado. Escribir para el usuario, utilizando además de la palabra clave principal, palabras relacionadas y sinónimos.

Las reglas

Aunque se debe ser cuidadoso y no incluirlas demasiadas veces, es necesario mencionar las palabras objeto de posicionamiento para que los buscadores les otorguen relevancia respecto de la búsqueda

del usuario, preferiblemente más de una vez a lo largo del contenido. De esta forma se les deja bien claro a los buscadores cuál es el tema de la página web.

Nosotros trabajamos con las siguientes reglas:

- El término de búsqueda o palabra clave principal debe utilizarse al menos 4 veces en el contenido:
    - En la etiqueta *title*
    - En el <h1>
- Al principio y al finalizar el cuerpo del texto
- Se puede incluir la palabra clave secundaria, sinónimos y términos relacionados a lo largo del contenido.

Estas reglas se aplican a un contenido de 250 palabras.

Tras aplicar estas reglas, ¿posicionará bien la página para la búsqueda referida a esa palabra clave principal? No forzosamente, dependerá también del volumen de competencia para esa palabra clave. Además, queremos recordar que aparte de trabajar el contenido es necesario trabajar también otros aspectos del marketing *online* que beneficiarán a nuestro sitio web en su conjunto (y por tanto, a las diversas páginas), como el *link building* o la relación *online* con agentes importantes en nuestro sector de actividad (socios, competidores, clientes, trabajadores, blogueros, medios de comunicación, etc.).

Redacción por temáticas

Para generar el contenido no basta con añadir palabras clave, sino que es necesario abordar realmente el tema relacionado con los términos objeto de posicionamiento. Para comprender el concepto de "redacción por temáticas" imaginemos que los buscadores luchan por descifrar el tema de la página web y en este proceso comparan el contenido de distintos sitios web que utilizan palabras clave similares y tratan sobre un mismo tema.

En definitiva, puede concluirse que la relevancia de una página aumenta cuando se usan variaciones de los términos que ya han sido utilizados en otros contenidos relacionados con el mismo término de búsqueda. Los buscadores trabajan con *clusters* de contenido (agrupaciones temáticas de palabras clave) para asegurarse de la temática más específica de una página.

Pongamos un ejemplo: para la búsqueda "comprar audi tt", el buscador querrá presentar como resultado páginas relacionadas con la venta de este modelo, no páginas relacionadas con el alquiler, o que solo incluyan información sin más sobre el coche, como fotos o un vídeo, por ejemplo. Por ello, en una página sobre el Audi TT cuyo interés es vender el producto, palabras como: distribuidor, conducción, compra, coche deportivo, concesionario, etc., serán de gran ayuda a la hora de mejorar el posicionamiento de la página web con palabras clave relevantes.

Estos no son necesariamente términos que atraigan tráfico sino que sirven de apoyo al tema general de la página web y le indican a los buscadores el contenido en el que deberán encuadrar el término de búsqueda. No obstante, hay que poner atención a no repetir estas palabras con más frecuencia que la principal, que es la que en realidad es objeto de posicionamiento.

La unicidad

Cada parte del contenido debe ser única. Cuando en un sitio web se ofrecen productos similares, es habitual que el contenido comience o termine de forma idéntica. Una práctica común es utilizar contenidos estandarizados para todos los productos y cambiar solamente el nombre o algunos detalles técnicos, pero en este punto hay que considerar que para los buscadores este contenido es similar en el 99%. Y eso puede suponer un problema, porque Google intenta por todos los medios indexar y mostrar páginas con información diferente. La dificultad en diferenciar entre diversas páginas de nuestro sitio web puede perjudicar el posicionamiento de estas páginas.

Por ello, es importante hacer un esfuerzo extra para escribir contenido único para cada página, será tiempo bien empleado si lo que pretendemos es que el sitio web tenga éxito. Un consejo útil: tal vez los productos sean parecidos, pero es posible que en sus pequeñas diferencias esté el valor que realmente aportan al usuario. Marcar esas diferencias puede ser una de las posibles formas de comenzar a escribir contenido único para cada producto.

Los problemas de contenido duplicado también se presentan cuando se copia un texto de otros sitios web o cuando por temas de programación, el contenido de una página está disponible con diferentes URL.

Los enlaces de texto

Un enlace (en inglés, hyperlink) normalmente está compuesto por dos partes: el nombre del enlace y la dirección a la que dirige. En el código HTML se representa de la siguiente forma:

<a href="http://www.sitio.es/">sitio</a>

<a></a> es el enlace 'href', la dirección a la que se enlaza
El texto entre <a> y </a> es el enlace de texto, el llamado *anchor text* (o texto ancla).

La importancia de los enlaces se analiza en los capítulos 8 y 9 de este libro. No obstante, por ahora debe conocerse que el enlace se puede entender como un voto para la página web. El enlace de texto confirma la temática de la página a la que enlaza por lo que es la herramienta perfecta para utilizar la palabra clave, reforzando así el empleo de la misma en la página web. Por ejemplo, si tenemos una página web que trata sobre 'vuelo Madrid-Roma', este será el término perfecto para referirse a la página; no solo porque es útil desde el

punto de vista de la usabilidad, sino porque ayuda a los buscadores a comprender el contenido de la página de destino. A pesar de ello, también Google Penguin tiene en el punto de mira aquellas páginas que abusan de los *anchor text* para repetir una y otra vez las palabras clave por las que quieren posicionar. Es esencial combinar el uso de palabras clave relevantes en los *anchor text* con el uso de la marca y palabras clave más *long tail* (con poco volumen de búsqueda pero muy descriptivas), como detallaremos en el capítulo 9.

Dos problemas comunes

Ahora analizaremos algunos problemas comunes relacionados con la redacción de contenido web para los buscadores y ofreceremos algunos consejos generales para resolverlos.

La escasez de tiempo

El tiempo es dinero, por lo que lo ideal será emplear el menor tiempo posible en generar contenido único y de calidad para el sitio web. El planteamiento inicial puede ser modificar el contenido actual. Se puede comenzar realizando ajustes rápidos en los títulos, los encabezados y las *meta-description*. También se puede añadir algunas palabras clave sin tener que reescribir completamente todo el contenido. Con el fin de ahorrar tiempo, sobre todo si se trata de una gran cantidad de contenido, es importante organizar el proceso de redacción, definir los criterios de optimización para la página de inicio, páginas de categoría y producto, y avanzar de forma organizada, sin prisa pero sin pausa.

La falta de espacio en la plantilla

Los sitios web no suelen ser muy flexibles, en muchos casos existe un espacio predeterminado para el contenido, de forma que este no puede ir más allá de cierta cantidad de caracteres o pixeles; en otros casos, la página de destino se construye de tal forma que no permite un contenido que sobrepase las 250 palabras.

No obstante, con frecuencia se necesitará más espacio para incluir palabras clave importantes en la página web. Existen varias soluciones: reemplazar una imagen con un encabezado h2, utilizar en el menú de navegación las palabras clave importantes, o colocar un pequeño fragmento de texto tanto al inicio como al final de la página web. Obviamente, estas son algunas soluciones pero siempre se necesitará una cantidad suficiente de contenido que, a poder ser, se colocará en la página, dividido en pequeñas partes.

Conclusión

El 'contenido' de una página web consiste en varios elementos como la etiqueta *title*, la *meta-description* y el cuerpo principal. Además, también se debe considerar el encabezado <h1> y el *anchor text*.

Es importante recordar que todas las técnicas que se utilicen en el sitio web para mejorar el posicionamiento en los buscadores son simplemente una forma para acercarse a los usuarios a través del contenido. La técnica proporciona las bases, pero es el contenido el que decide si los usuarios permanecen o regresan nuevamente a la página web.

Lista de verificación

General

- ¿La extensión del contenido oscila entre las 250 y 1500 palabras?
- ¿Se han determinado las palabras clave?

Meta-contenido: la etiqueta *title*

- ¿Tiene un máximo de 65 caracteres, incluidos los espacios?
- ¿Incluye una llamada a la acción o hace una pregunta?
- ¿Menciona la palabra clave más importante de la página web al inicio?
- ¿Menciona la marca al final, al inicio o no la menciona; dependiendo del poder de la marca y de qué página web sea?
- ¿Está escrito no solo para lograr un buen posicionamiento sino también para lograr un CTR alto (porcentaje de clics

sobre impresiones)?

-   ¿Se ha analizado la competencia que existe por la misma palabra clave? Cuanto más elevada sea la competencia por una palabra clave, mejor deberá ser la etiqueta *title*.

Meta-contenido: la *meta-description*

-   ¿Tiene un máximo de 150 caracteres, incluidos los espacios?
-   ¿Está dirigida a mejorar el CTR?
-   ¿Utiliza las palabras clave?
-   ¿Incluye una llamada a la acción?

Contenido *on-page*: los encabezados y sub encabezados

-   ¿La palabra clave principal está incluida en el<h1>?
-   Los sub encabezados <h2>, <h3>, etc., no tienen necesariamente que incluir la palabra clave principal, sino que pueden utilizar sinónimos y palabras clave secundarias;

Cuerpo del texto

-   ¿Utiliza la palabra clave principal al menos 3 veces: en la etiqueta <h1>, al principio y al final del contenido? Además, se recomienda incluir la palabra clave principal en la URL;
-   ¿Utiliza las palabras clave secundarias y términos relacionados?
-   ¿Se adecua el contenido a la temática de la página web?
-   ¿El contenido es único en mismo sitio web, es decir, no está duplicado?

Anchor text

-   ¿Describe el *anchor text* la página web a la que enlaza?
-   ¿Incluye el *anchor text* la palabra clave principal?

HTML

Cuando los buscadores visitan los sitios web lo único que pueden leer es el código HTML, pero a través de este y mediante el análisis del código fuente, son capaces de determinar el tema de la página y cuáles son los elementos más importantes. Escribir adecuadamente el código HTML facilita este trabajo a los buscadores.

En este capítulo aprenderás:

En este capítulo se abordará la semántica y cómo construir adecuadamente un sitio web por capas. También se tratarán en profundidad los códigos HTML, CSS, JavaScript y Flash.

Construir por capas

Para construir una casa se deben seguir los siguientes pasos: se comienza con la estructura, se levantan las paredes de piedra, se pinta y después se añaden las cortinas y toda la decoración interior. Al terminar el trabajo principal se prosigue añadiendo los detalles técnicos como, por ejemplo, una puerta electrónica para el garaje.

Pues bien, cuando se construye un sitio web se siguen estos mismos pasos. Primero se construyen la estructura (el código HTML),

después se añade la decoración (CSS) y finalmente se incorporan los aspectos técnicos y las piezas (JavaScript).

Cada una de estas capas tiene su razón de ser; no obstante, es importante asegurarse de que el sitio web será legible, aún si se eliminan todas las capas. Por ejemplo, si alguien accede al sitio web desde su teléfono móvil probablemente no podrá usar las funcionalidades de JavaScript, pero el sitio debe ser visible. Obviamente, esto implica que el usuario no podrá utilizar el menú desplegable que tanto te costó diseñar, pero sí podrá acceder a las distintas secciones sin problemas. El mismo principio se aplica a las funcionalidades visuales del CSS, por ejemplo, si se utiliza un navegador de texto que no soporta el CSS, o se imprime, el sitio web también deberá ser visible y legible.

Las capas se añaden exclusivamente para mejorar la usabilidad, pero en ningún caso deben ser un requisito mínimo para el uso del sitio web. El *site* tiene que ser legible por el usuario y por los robots de los buscadores.

La primera capa - Estructura

La capa básica de un sitio web siempre es la estructura, el código HTML; ya que este es el lenguaje que los navegadores necesitan para interpretar una página y hacerla legible para los ususarios. No obstante, el HTML también es el código que analizan los buscadores

por lo que es fundamental que todo el sitio web sea de fácil acceso y lectura. En definitiva, para que los buscadores encuentren y clasifiquen un fragmento de contenido del sitio web, deberá incluirse en el HTML.

HTML semántico

El HTML está compuesto por elementos y atributos. Entre los elementos se encuentra el contenido que se muestra en la página web, pero cada elemento HTML tiene un significado diferente que es de vital importancia para la creación del sitio web. Cuando nos referimos a la semántica (unida al HTML), hablamos realmente del significado de los elementos HTML. Cuando cada uno de los elementos HTML se utilizan en correspondencia con la función para la que fueron creados, se dice que el HTML es *semánticamente correcto*. Obviamente, los buscadores otorgan una gran importancia a un HTML semánticamente correcto y utilizan este código para comprender la jerarquía de los elementos. En aras de comprender mejor qué es el HTML semántico mostraremos a continuación algunos ejemplos y problemas.

Hasta no hace demasiado tiempo, muchos sitios web se programaban con tablas HTML por comodidad de los programadores o desconocimiento, a pesar de que desde el punto de vista del HTML

semántico y según las especificaciones del W3C [9] las tablas deben usarse para mostrar elementos tabulados[10]:

"La tabla HTML permite que los autores organicen los datos – contenido, formatear texto, imágenes, enlaces, formularios, campos de formularios, otras tablas, etc. – en filas y columnas de celdas. "

Esto significa que las tablas han sido creadas para mostrar datos (para poder comprender o comparar los datos), no para crear un menú. Es decir, se pueden utilizar para mostrar, por ejemplo, una reseña de un producto o una lista de precios, pero no para organizar los elementos de la página.

Entonces, ¿cómo se puede mostrar el menú exactamente en la parte inferior a la izquierda del sitio web sin utilizar las tablas? La respuesta es muy sencilla: se pueden usar los códigos HTML div yspan. Con estos elementos, junto con el CSS, se puede ordenar y ubicar cualquier elemento en la página web.

Independientemente del aspecto semántico, existe otra razón por la que se debería usar el elemento div en vez de las tablas: el ahorro de espacio. La cantidad de código que se necesita al utilizar div es mucho menor, lo que proporciona grandes ventajas. Una de ellas es que cuanto menos código se utilice, más rápido podrán rastrear las páginas *web* los buscadores y más fácil les resultará encontrar el

---

[9]W3C es un grupo de trabajo internacional que se encarga de definir las especificaciones del HTML y CSS, entre otros aspectos.
[10]http://www.w3.org/TR/html401/struct/tables.html

contenido dentro de los elementos. La proporción entre el código y el contenido es un factor a tener en cuenta, no sólo por la rastreabilidad sino que ayuda a mejorar otros factores como la velocidad de carga.

El ejemplo que aparece a continuación muestra cómo se pueden obtener el mismo efecto utilizando el elemento div en vez de tablas. Se muestra un fragmento del código de una plantilla básica con una cabecera y dos columnas situadas debajo de esta. (Ver figura 6-1).

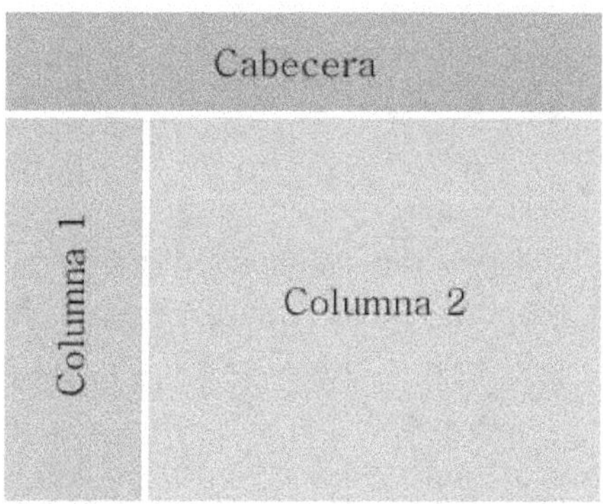

Plantilla básica de dos columnas

HTML semántico: con div

```
<div id="header">
        Esta es la cabecera
</div>
<div id="left">
```

```
        Columna de la izquierda
</div>
<div id="right">
        Columna de la derecha
</div>
```

HTML con tablas

```
<table cellspacing="0">
        <tr>
                <tdcolspan="2" id="header">Esta es la
cabecera</td>
        </tr>
        <tr>
                <td>
                        <tablecellspacing="0">
                                <tr>
                                        <td id="left">Columna de la
izquierda</td>
                                        <td id="right">Columna de
la derecha</td>
                                <tr/>
                        </table>
                </td>
        <tr>
</table>
```

La diferencia entre las tablas y el elemento div, es que las primeras necesitan nueve elementos mientras que con el elemento div se necesitan solo tres. Esto significa un ahorro del 66% en este ejemplo, por lo que en los sitios web muy extensos y complejos el uso del div puede suponer un ahorro considerable.

Entonces, ¿no se deben usar las tablas? No, el uso de las tablas para conformar la plantilla del sitio web es inadecuado, pero pueden ser útiles para insertar comparaciones de precios, informaciones financieras o cualquier otro tipo de resúmenes de datos (también conocidos como datos tabulados).

El menú de navegación

En ocasiones, las tablas se utilizan para ubicar los diferentes elementos que componen el menú en el lugar adecuado; sin embargo, realmente no deberían utilizarse como un elemento de posición. En su lugar, en el caso del menú, se puede utilizar el elemento HTML ul, que se emplea en las listas no ordenadas; después de todo, un menú es simplemente una lista.

A continuación se muestra un ejemplo que ilustra cuánto se puede ganar con un HTML semánticamente correcto.

HTML de un menú conformado con tablas

```html
<table>
        <tr>
                <td><a href="pagina-1.html">Menú ítem
1</a></td>
        </tr>
        <tr>
                <td><a href="pagina-2.html">Menú ítem
3</a></td>
        </tr>
        <tr>
                <td><a href="pagina-3.html">Menú ítem
3</a></td>
        </tr>
</table>
```

HTML de un menú conformado como lista

```html
<ul>
        <li><a href="pagina-1.html">Menú ítem 1</a></li>
        <li><a href="pagina-2.html">Menú ítem 2</a></li>
        <li><a href="pagina-3.html">Menú ítem 3</a></li>
</ul>
```

Al igual que en el ejemplo mencionado con anterioridad, el HTML semánticamente correcto permite un ahorro de espacio aproximado del 45%. Aún así, no se trata únicamente de ahorrar espacio. Conformar el menú como una lista le permite a los buscadores

obtener una visión de grupo mientras que con el uso de las tablas se corre el riesgo de que algunas celdas se pierdan. En fin, se trata de utilizar el código HTML correcto en el lugar adecuado.

Los encabezados (H's)

En el HTML existen seis elementos para indicar un encabezado, desde h1 hasta h6.Entre estos seis, h1es el más importante y h6 el menos relevante. En esencia, el HTML se estructura de forma parecida a un texto. El título de la página comienza con el Encabezado 1, los sub encabezados se convierten en Encabezado 2, etc. En el HTML, las palabras clave principales se pueden ubicar dentro del elemento h1, las secundarias en los sub encabezados h2, y así consecutivamente.

Errores habituales:

1. Una práctica muy usual que debe evitarse es la creación de los encabezados con el elemento font, ya que en realidad este no le asigna ningún valor al contenido, además es un elemento que no es válido desde HTML4
2. Utilizar el encabezado H1 para el logo o *tagline* de la web
3. Utilizar los encabezados H3, H4, ... en páginas que no tienen H1 y H2.

La estructura del texto

Para estructurar el texto se pueden utlizar diferentes elementos, el más importante es: **p**, utilizado para indicar los párrafos. Así, para

separar los párrafos se recomienda el uso del elemento **p** y no el clásico **br.** Desde una perspectiva meramente técnica estos dos elementos de estilo deberían diferenciarse aunque los navegadores comprenden y aceptan el uso de ambos.

Los atributos alt y title

Los buscadores no pueden interpretar el contenido de una imagen[11], por lo que para facilitarles su comprensión se utiliza el atributo alt, indica a los buscadores el tema de las imágenes y les ayuda a darle un sentido respecto al contenido de la página.

Un atributo muy similar a alt es el atributo title. Ambos cumplen la misma función pero la diferencia estriba en que el atributo alt solo puede ser utilizado en las imágenes mientras el atributo title puede aplicarse a diferentes elementos. De hecho, se utiliza frecuentemente en los hipervínculos y también se puede usar para crear una pequeña descripción de la página *web* que se enlaza. Para ejemplificar estas diferencias incluimos la imagen que se muestra a continuación, donde se usa el atributo alt.

---

[11]Este punto también es válido para los navegadores para las personas con discapacidad visual y respondería a reglas de accesibilidad. No obstante, para ser consecuentes con el tema del libro, solo usaremos el ejemplo de los buscadores.

```
<img src="horizonte-barcelona.jpg" alt="Horizonte Barcelona">
```

En el ejemplo que se muestra debajo el atributo title se ha utilizado en el enlace para aportar más información sobre los contenidos del sitio web al que se enlaza.

```
<a title="analitica web" href="http://www.onetomarket.es/analitica-web/">Analítica web</a>
```

Meta etiquetas

Las etiquetas meta se utilizan en la cabecera de la web (<head>), donde se incluye la información que los navegadores necesitan para interpretar el documento. Los ususarios verán parte de esta información en los resultados de los buscadores la información del head, pero los navegadores y los buscadores la leeran completa y la utilizarán. Para los buscadores la etiqueta meta relevante es:

```
<title>título de la página</title>
```

El resto de las etiquetas meta no son útiles para SEO en la actualidad, pese a que en el pasado si lo fueron.

Meta-description

Como decíamos en el capítulo anterior, esta etiqueta ofrece una descripción de la página web que mostrarán los buscadores en sus páginas de resultados. Esto no influye directamente en el posicionamiento -no contribuirá a ganar posiciones en los buscadores-, pero ayuda a mejorar el porcentaje de clics en los enlaces de los resultados de búsqueda. En caso de que la página web no tenga meta-description, los buscadores le asignarán al azar una parte del contenido de la misma, por lo que a veces el resultado final puede parecer extraño. Por eso es tan importante escribir una meta-description para cada página del sitio web.

✓ Una buena meta-description incluye una descripción clara de la página web, los términos de búsqueda relevantes y una llamada a la acción. Debe tenerse en cuenta que los buscadores muestran un máximo de 156 caracteres.

Meta-keywords

Antiguamente los buscadores utilizaban esta etiqueta para decidir cuál era el contenido de la página web y posicionarlas en sus resultados, pero debido al uso indiscriminado de la misma, los buscadores dejaron de otorgarle relevancia.

Meta-robots

La etiqueta meta-robots se utiliza para indicarle a los buscadores cómo se deben comportar en una página web: si deben indexar una página, si deben seguir los enlaces o no. Existen cuatro valores posibles: *"index, follow"*, *"index, nofollow"*, *"noindex, follow"* y *"noindex, nofollow"*.

Si no se incluye la etiqueta, se aplica por defecto el valor estándar "index, follow", de manera que los buscadores indexarán automáticamente la página *web* y seguirán todos los enlaces. Para indicar a los buscadores que sigan los enlaces pero no indexen la página *web,* se utiliza el valor "noindex, follow". Este último supuesto se puede aplicar en sitios *web* que tienen múltiples páginas con el objetivo de prevenir el problema del contenido duplicado[12].

En la actualidad es conveniente no utilizar esta meta etiqueta a no ser que se quiera utilizar para que los buscadores no indexen determinada página o no continúen indexando páginas a partir de la página deseada.

La posición del HTML

El HTML no se analiza exclusivamente desde el punto de vista semántico, sino que también está relacionado con la posición de los diferentes elementos dentro del sitio web. Su esencia es muy sencilla:

---

[12]El término contenido duplicado se refiere a diferentes URL que tienen exactamente el mismo contenido. Analizaremos este problema con mayor profundidad más adelante en el libro.

los contenidos más importantes deben colocarse en los lugares más altos del código. Esto significa que la cabecera y el texto se sitúan en la parte superior, mientras que el código para el menú y las barras laterales se colocan debajo. En caso de que se utilicen tablas no se podrá organizar de esta forma el sitio web, habrá que hacerlo con CSS a no ser que se desee insertar una tabla de datos o información comparativa.

La segunda capa – Plantilla

En la sección anterior hemos analizado el HTML semántico. Sin embargo, la semántica va mucho más allá del HTML. Por ejemplo, si utilizamos el elemento font en la cabecera para definir la tipografía de un texto, aparecerá otro problema: no hay una diferenciación clara entre la estructura y la plantilla. Aquí el problema no radica exclusivamente en que el elemento font carezca de una semántica adecuada, sino que se ha usado el HTML con el propósito de crear la plantilla. Debe quedar claro que el HTML se usa para realizar la estructura mientras que el diseño de la plantilla se define mediante el uso de CSS.

¿Qué es CSS y por qué usarlo?

CSS son las iniciales de Cascading Style Sheets (en español, hojas de estilo en cascada) y se refiere a una técnica utilizada para determinar la apariencia de una página web. El HTML son las paredes de la casa y el código CSS sería la pintura y las cortinas que hacen que el HTML adquiera una apariencia atractiva. La plantilla lo incluye todo, desde el color de los encabezados o los enlaces, hasta la posición de los elementos dentro de la página web.

¿Por qué usar CSS? Si has leído con atención la sección anterior, la respuesta es obvia: se comienza construyendo la estructura (HTML), pero la plantilla aún debe terminarse y para lograrlo se utiliza la hoja de estilo. Entonces, para separar la estructura de la plantilla, a partir de este punto no se usarán más las tablas ni las etiquetas font, solo CSS.

El ejemplo que se muestra a continuación permite comprender con mayor profundidad el significado del término CSS. Retomando el código HTML del menú que usamos anteriormente, el código HTML es:

```
<ul>
<li><a href="http://www.onetomarket.es/sem-campanas-ppc/"
title="SEM, campañas PPC">SEM, campañas PPC</a></li>
<li ><a href="http://www.onetomarket.es/estrategia-de-redes-
sociales/" title="Estrategia de Redes sociales">Estrategia de Redes
sociales</a></li>
<li><a href="http://www.onetomarket.es/email-marketing/"
title="Email marketing">Email marketing</a></li>
</ul>
```

Sin CSS su aspecto visual será el siguiente:

- SEM, campañas PPC
- Estrategia de Redes sociales
- Email marketing

Con CSS el menú adquiere un aspecto más elegante. El código CSS que se muestra a continuación ayuda a crear un fondo naranja para el menú, el texto es en color negro, se utiliza otro tipo de letra, se han eliminado los puntos que fungían como viñetas y se ha creado un efecto *mouse over* (cambio de color al pasar el cursor por el menú). A continuación se puede ver una imagen del resultado final.

Menú con hoja de estilo

El poder del CSS radica en que permite cambiar la plantilla del sitio *web* sin tener que variar el código HTML. Esto se ilustra en el ejemplo que aparece a continuación: con el mismo código HTML que se había utilizado para crear el menú, ahora hemos realizado un menú horizontal, ajustando solamente el código CSS.

CSS y navegadores

Años atrás, el uso de CSS tenía un gran inconveniente: no todos los navegadores lo soportaban correctamente y en ocasiones algunos lo interpretaban erróneamente. Por ejemplo, Internet Explorer era uno de los navegadores que presentaba dificultades con el CSS. Esto hacía que fueran necesarios una gran cantidad de cambios para que la apariencia del sitio *web* fuese atractiva en todos los navegadores. No obstante, esta situación ha mejorado, pese a que todavía hay muchas diferencias en la visualización en pantalla entre los navegadores más utilizados.

Para desarrollar sitios web se recomienda visualizar con varios navegadores el resultado obtenido ya que la interpretación del CSS difiere entre navegadores como Firefox[13], Opera[14], Safari[15] y Chrome[8]. Nuestra experiencia demuestra que, cuando se trata de crear una página web que funcione bien en todos los navegadores, seguir este consejo puede ahorrar mucho tiempo. Mediante un el uso avanzado de CSS, en la actualidad es posible crear menús desplegables y otras funcionalidades que hasta el momento estaban reservadas exclusivamente a JavaScript, en un futuro con CSS3 se ampliarán mucho más las posibilidades de diseño e interacción por lo que a nivel SEO será interesante poder potenciar interactividad y optimización para buscadores.

[13] http://www.mozilla-europe.org/es/
[14] http://www.opera.com
[15] http://www.apple.com/es/safari/
[8] http://www.google.com/chrome

La tercera capa: Funcionalidad

Después de haber creado la estructura y la plantilla, el sitio web ya está básicamente operativo. Para continuar con la analogía que venimos utilizando: la casa ya está lista para entrar a vivir. No obstante, al sitio web aún pueden añadírsele otras funcionalidades que faciliten su uso. Para lograrlo se utiliza JavaScript (se podrán reemplazar imágenes dinámicas, validar formularios o hacer cálculos) y funcionalidades que hacen que la página sea más interactiva como el uso de ajax mediante librerias como jquery, Dojo, Mootools, ...

JavaScript: Cómo usarlo

Lamentablemente, JavaScript se utiliza a menudo de forma incorrecta. Por ejemplo, con JavaScript se puede crear un menú desplegable (un menú con múltiples niveles que se muestran cuando se hace clic o mediante un efecto *mouse over*), pero como los buscadores no comprenden este lenguaje, no podrán seguir los enlaces que se encuentran en el menú. Esto significa que para los buscadores será difícil, o incluso prácticamente imposible, rastrear el sitio *web*. Lo mismo ocurre con los enlaces dentro del contenido o en cualquier otro lugar del sitio web. Cuando un enlace tiene el atributo onclick pero no incluye el elemento a junto al atributo href, los buscadores no lo seguirán.

Código html	Útil para SEO
`<a href="#" onclick="window.location=' http://www.miweb.com';">sitio web A</a>`	No
`<a href="javascript:window.location=' http://www.miweb.com';">sitio web A</a>`	No
`<img src="lees-meer.gif" alt="Lees meer" onclick="window.location=' http://www.miweb.com';">`	No
`<ahref="http://www.miweb.com">sitio web A</a>`	Sí

La única forma correcta de enlazar una página *web* es usando el elemento a con el atributo href.

Además, los buscadores no leerán el contenido cargado a través de JavaScript por lo que es importante incluir todo el contenido que se desea indexar en el código HTML. Un ejemplo muy usual es la navegación por pestañas, donde cada pestaña posee su propio contenido. Sí que se puede usar JavaScript con este fin si primero se incluye todo el texto en el código HTML y a continuación coloca la pestaña de navegación usando JavaScript.

Una vez más, al igual que con el CSS, la inserción de esta capa no debe ser un requisito para utilizar el sitio *web*, solo debe ser una herramienta para mejorar la usabilidad y apariencia del mismo.

✓ ¿Quieres hacer tu página más interactiva y aplicar JavaScript de forma que no afecte al SEO? Prueba jQuery[9]. Esta es una

biblioteca donde se encuentra un gran número de aplicaciones JavaScript que han sido creadas de manera adecuada (como menús desplegables, funcionalidades arrastrar y soltar, etc).

En ocasiones puede ser interesante utilizar JavaScript para determinados enlaces, para no comprometer el uso de enlaces con anchor text específico, en ese caso puede ser interesante utilizar javascript como método para construir el enlace, pero esto ocurre en casos muy reducidos. Esta técnica puede resultar igual de peligrosa como avanzada si no se supervisa correctamente a nivel de SEO técnico.

AJAX

AJAX es una técnica que permite ejecutar secuencias de comandos del servidor usando JavaScript. Normalmente, es necesario recargar la página web pero AJAX hace esto de forma automática por lo que es muy útil, después de todo, ¿no es extremadamente positivo que el usuario pueda navegar por el sitio web sin tener que esperar continuamente que carguen las páginas?

Sin embargo, de su principal beneficio surge su debilidad: como las páginas web no se recargan, la URL no cambia por lo que se puede acceder a todas las páginas desde una misma URL. Esto hace que una página específica no se pueda incluir dentro de favoritos o enviar a un amigo, tampoco funciona el botón atrás del navegador, de manera que la usabilidad de la página se limita.

El principal problema de AJAX es de cara a los buscadores, los buscadores no leen JavaScript ni navegan utilizándolo, los buscadores no verán más allá de la primera página web desde la que entraron. En síntesis, los buscadores y AJAX no se llevan muy bien por lo que regresamos al punto anterior: una capa extra no puede ser un requisito para que una web funcione adecuadamente o se indexe por completo.

¿Significa esto que no se debe usar AJAX? Por supuesto que no, AJAX es una opción excelente para mejorar la usabilidad de un sitio web en otros supuestos. Por ejemplo, la posibilidad de arrastrar y soltar elementos en el carro de la compra, o en formularios que se agrupan a partir de decisiones anteriores. De hecho, son muchos los ejemplos que podrían citarse en los que AJAX mejora la usabilidad, pero siempre se debe tener en cuenta que el sitio web también debe funcionar sin AJAX.

Los buscadores han hecho grandes esfuerzos por mejorar su lectura de JavaScript, pero aún queda mucho camino por andar. La razón principal por la que se ejecuta JavaScript es para detectar el *cloaking* (véase el capítulo 1) y el *spam*.

Flash

Todas las reglas de JavaScript se aplican a Flash. Flash puede ser una gran herramienta que mejore la usabilidad y cree efectos visuales

sorprendentes, pero debemos asegurarnos de que no se convierta en un requisito imprescindible para que el sitio web funcione adecuadamente. Si se utiliza la navegación Flash (como por ejemplo, en un mapa del mundo), también debe existir un HTML alternativo a disposición del usuario.

De la misma forma, el contenido mencionado en Flash no será indexado. En los últimos años los buscadores han perfeccionado la indexación del Flash, pero aún existen algunos problemas que dificultan una integración total. Hay que tener en cuenta que esta indexación que se ha producido durante los últimos años de archivos flash no se ha traducido en posicionamiento, que son dos términos diferentes.

Trucos y consejos

Menú desplegable con CSS

Como decíamos, los buscadores no leen ni ejecutan JavaScript por lo que es importante que todos los elementos del menú estén incluidos en el HTML. No obstante, esto puede ser un problema en el caso del menú desplegable, ya que todos sus elementos son visibles de forma instantánea en el sitio web. Suckerfish-menu[16] es la solución ideal para este problema: el menú tiene tanto HTML, como CSS e incluso un poco de JavaScript. En este ejemplo, se incluye JavaScript para asegurar la compatibilidad con navegadores más antiguos como Internet Explorer 6 o sus versiones anteriores. Los nuevos

---

[16]   http://htmldog.com/articles/suckerfish/dropdowns/

navegadores como Firefox, Internet Explorer 7, Opera y Safari solamente necesitarán HTML y CSS.

Reemplazo de las imágenes

Por razones técnicas, en el diseño del sitio web existe un límite máximo de tipos de letras que se pueden utilizar. Esta restricción se debe a que los tipos de letra instalados en un ordenador personal pueden no estar disponibles en otros. Como regla general, existe aproximadamente solo una docena de tipos de letras que siempre están instaladas en la mayoría de los sistemas operativos. Aun así, si se quiere llamar la atención del usuario utilizando un tipo de letra diferente, se pueden crear imágenes para la cabecera o los encabezados. No obstante, este cambio puede hacer que los buscadores necesiten más tiempo para comprender el contenido o incluso, podrían ser incapaces de leerlo. La solución a este problema está en lo que se conoce como "reemplazo de imágenes". Existen dos formas de hacerlo:

Reemplazo de imagen con CSS

Un reemplazo de imagen con CSS funciona de la siguiente manera: el contenido HTML incluye un elemento h1 que los buscadores leerán e indexarán normalmente. Entonces se usa el CSS para reemplazar el texto con una imagen; el texto desaparecerá de la pantalla y se coloca la imagen en su lugar. Código con el encabezado h1.

El código HTML

```
<h1>Este es el encabezado</h1>
```

El código CSS

```
h1 {
        text-indent: -999em;
        overflow: hidden;
        height: 25px;
        background: url("achtergrond.png") no-repeat;
}
```

Siempre debemos asegurarnos de que el texto en la imagen sea el mismo que el texto en HTML. Antiguamente esta técnica se utilizaba indiscriminadamente para incluir textos ocultos por lo que en la actualidad los buscadores son muy cautos en su análisis. No obstante, siempre que el texto de la imagen y el código HTML coincidan, no habrá problemas.

Reemplazo de imagen con Flash

El método que se ha descrito con anterioridad funciona perfectamente pero su desventaja es que habrá que crear una imagen para cada encabezado, opción no muy operativa si existen 10 páginas web por la cantidad de trabajo que implicaría. Otra opción sería generar automáticamente estas imágenes basándose en el contenido, pero es una tarea laboriosa que ralentiza el sitio web.

Una buena alternativa es un reemplazo de imagen con Flash. El reemplazo de imágenes con Flash sIFR[17] es una de las herramientas que está ganando cada vez más popularidad. Al usar IFR se puede convertir el texto HTML *a flash on-the-fly* (en español, flash al vuelo) mediante JavaScript. Esto proporciona un método de trabajo rápido y funcional con el que se puede utilizar cualquier tipo de letra.

El inconveniente principal de utilizar estas técnicas es a nivel visual ya que muchos usuarios verán la versión html y como en esta se transforma la tipografía. Puede llegar a ser molesto o ralentizar la carga de la página.

Los editores de HTML

Hay infinidad de programas que permiten crear de manera sencilla y rápida un sitio web, con solo arrastrar y soltar se pueden crear páginas web aparentes. Sin embargo, suele ocurrir que estos programas no son tan perfectos como parecen a primera vista, ya que hacen caso omiso de casi todos los aspectos que se han analizado en este capítulo. Muchos de ellos utilizan tablas para crear la plantilla y esto genera una cantidad de código innecesario considerable; además, la construcción por capas no es precisamente su punto fuerte. Por eso, para crear un sitio web lo mejor es utilizar un editor de texto simple (después de todo, no se aprende matemáticas usando la calculadora). Dedicar tiempo y esfuerzo a escribir el código nos

---

[17]   http://novemberborn.net/sifr3

permitirá aprender cómo funciona el HTML y el CSS y conocer qué beneficios aportan al sitio web.

Conclusión

En este capítulo hemos abordado la importancia de crear un sitio web en capas. Se comienza con la estructura y se van añadiendo capas encima de esta. Es importante asegurarse de que cada capa se haya añadido separadamente de manera que no se mezcle con el resto de las capas.

Sobre todo, es importante usar el sentido común. Cuando se escribe el HTML se deben considerar las funciones que cumplen cada una de las partes del sitio web, ya que así será relativamente fácil hallar el código que necesitamos. De esta forma se puede crear un sitio web optimizado, tanto para los buscadores como para los navegadores.

En los últimos meses, los navegadores empiezan a interpretar HTML5 y CSS3, que es la norma del W3C por la que se se regirán las webs en un futuro, de hecho, hay ya muchas webs desrrolladas con esta tecnología y a nivel SEO la experiencia es bastante satisfactoria.

HTML5 va a suponer un cambio en la concepción de las estrategias SEO ya que su código fuente facilita la comprensión del contenido a los buscadores, y mediante el uso de microdatos, se abre una nueva dimensión SEO.

Lista de verificación

Html semántico

- Uso de divs vs tablas
- Utilizar listas para maquetar menús
- Utilizar H1 en todas las páginas y H2, H3 correctamente anidado
- Utilizar correctamente las metaetiquetas
- Verificar el diseño en varios navegadores
- Revisar funcionalidades respecto a la indexación (uso de flash, javascript, ajax, ...)

El servidor

Como ya mencionábamos anteriormente las arañas de los buscadores son, en realidad, un navegador muy sencillo. Los navegadores solo interpretan HTML, pero el SEO va mucho más allá del HTML. Además, existen diferentes técnicas para ayudar a los buscadores a indexar el sitio web *tan rápido como sea posible. Este capítulo es muy técnico pero es un conjunto de recomendaciones que vale la pena implementar, lo notarás en los resultados.*

En este capítulo aprenderás:

En este capítulo analizaremos los aspectos relacionados con el servidor que son importantes para SEO, abordaremos los temas siguientes:

- *Velocidad de descarga de la web*
- *Las redirecciones*
- *La reescritura del URL*
- *El contenido duplicado*
- *Los robots.txt*
- *Los sitemaps XML*

¿Cómo funciona un servidor?

Un navegador construye una página web usando HTML, CSS y en ocasiones JavaScript, pero para que eso ocurra, el servidor también tiene que hacer su parte. El servidor procesa las peticiones, genera el HTML, lo sirve y envía un código de respuesta del servidor (que indica si se ha procesado todo adecuadamente o si se ha presentado algún error). He aquí una lista con algunos de los códigos más importantes:

- 200 – Página encontrada
- 301 – Redirección permanente
- 302 – Redirección temporal
- 404 – Página no encontrada

📖 Códigos de respuesta del servidor

Hay varios grupos de códigos de respuesta: los mensajes que se encuentran dentro del grupo 200 indican que todo ha ido bien, y los que están incluidos en la serie 300 señalan la existencia de múltiples páginas enlazadas. La serie 400 indica que el navegador no puede mostrar la página web de forma adecuada y, finalmente, la serie 500 señala los errores de servidor.

Una buena configuración del servidor tiene un impacto extremadamente positivo en el posicionamiento en buscadores, en este capítulo analizaremos algunos de los aspectos más importantes;

aunque podría parecer que son dos áreas diferenciadas y sin relación entre sí, trataremos de exponerlos de forma que se entienda la repercusión. En primer lugar, analizaremos la velocidad de descarga de la web, las redirecciones y la reescritura del URL y, posteriormente, examinaremos el contenido duplicado; además, explicaremos cómo indicarle a los buscadores las páginas web qué deben o no indexar y analizaremos el alcance de los *sitemap* XML o los robots.txt.

Velocidad de descarga de la web

En los últimos meses, la velocidad de descarga de la web se ha convertido en un factor SEO muy relevante. Hay diversas técnicas que contribuirán a mejorar la velocidad de descarga, a saber:

Hosting/housing

Este apartado es primordial, ya que dependiendo del *datacenter* donde se inserta el servidor y *datacenter* donde se aloja la web, habrá mayor conectividad y posibilidad de servir mayores peticiones en menor tiempo. Para webs con mucho tráfico o webs orientadas al *e-commerce* este factor se convierte en una prioridad.

A la hora de elegir dónde se va a alojar una *web*, conviene hacerse las siguientes preguntas:

- Sistema de tráfico contratado: por volumen de tráfico o por ancho de banda de la línea asignada al servidor.
- Capacidad del *datacenter* para absorber peticiones.

- Capacidad del servidor, desde la memoria RAM, tipo de CPU, a porcentaje de CPU consumida. Posibilidad de personalizar la memoria asignada a procesos del servidor.

En el caso de tener un servidor compartido o utilizar *cloud computing*, hay que asegurarse de que el resto de webs con las que se comparte infraestructura no afecten a la capacidad de dar respuesta a peticiones.

Este apartado se puede valorar principalmente mediante dos indicadores: tiempo medio de resolución de peticiones, velocidad de descarga (en kb/seg).

Importancia de la velocidad de carga de la página web

Algunas páginas son muy lentas y esto es negativo para la experiencia del usuario que incluso puede llegar a abandonar el sitio web. El mismo principio se aplica a los buscadores, que favorecen de cara al posicionamiento a aquellas páginas web que cargan más rápido, en su afán por aumentar la satisfacción del usuario. Por esta razón es importante, tanto para los usuarios como para los buscadores, que la página web cargue rápidamente.

Desde junio de 2010, con la entrada del algoritmo Google Caffeine, la velocidad de carga se ha convertido en uno de los factores de posicionamiento más importantes, ya que desde entonces, Google mide activamente la velocidad de carga de las webs. Para reducir la velocidad de carga hay que mejorar el rendimiento de la web a nivel de servidor y de compilación de los *scripts*.

A nivel de servidor, es importante tener en cuenta desde la configuración del sistema operativo, al tipo de máquina y especificaciones técnicas de esta, hasta poder llegar a utilizar sistemas de caché y *proxy-cache*, para poder aumentar el número de peticiones y reducir la compilación de las mismas.

A nivel de código fuente, hay que intentar que el mismo esté bien estructurado, reducir las peticiones internas a la misma máquina y hay que utilizar técnicas de caché y reducir el peso de los archivos a descargar (tanto de código fuente como tamaño y número de las imágenes), con el objetivo de reducir el tiempo de carga.

Optimización de peticiones/conexiones

Una *web* se puede programar de diferentes formas, si nuestro objetivo es aumentar la capacidad de respuesta, podemos utilizar varias técnicas, incluso varias de ellas a la vez. Algunas de estas técnicas son las siguientes:

- Utilización de sistemas de caché de *script*.
- Utilización de caché de base de datos.
- Utilización de caché a nivel de servidor.
- Implementación de sistemas de CDN.

- Reducción del número de peticiones a bases de datos durante la carga de la web.
- Uso de CSS sprites para reducir el número de imágenes cargadas.

Todas estas técnicas aceleran el tiempo de descarga de la web y el volumen de uso de CPU, con lo que no sólo se reducirá el tiempo de descarga, sino que podremos aumentar las peticiones por segundo al liberar uso de la CPU para absorber más peticiones.

Las redirecciones

Si hablamos de SEO y servidores, uno de los aspectos más importantes, por su repercusión y porque suele acarrear infinitos problemas, son las redirecciones. Antes o después, todo sitio web tendrá que enfrentar la necesidad de trasladar contenido de una página a otra, por ejemplo, un producto que se retira de la tienda, o en la creación una nueva estructura para el sitio web.

La importancia reside en que la URL del producto que se retira tiene un historial, y puede haber atraído enlaces desde otros sitios web, de manera que si se elimina la página y se muestra un código de respuesta 404 (página no encontrada), se perderá para siempre el valor de los enlaces, con lo que implica. Además, las páginas web que tienen cierta antigüedad, independientemente de que tengan enlaces entrantes o no, tienen un valor, es decir, por el hecho de haber estado *online* han acumulado peso y esto contribuye a mejorar su posicionamiento. En resumen, es importante redirigir las páginas que tienen enlaces entrantes o cierta antigüedad en vez de eliminarlas.

Existen varias formas de configurar una redirección: mediante las meta etiquetas, JavaScript, código de script del servidor (php, asp, jsp, ...), usando JavaScript e incluso a nivel de reglas de servidor (.htaccess para php isapi para .asp). El problema de estas técnicas es que los buscadores no siempre las comprenden adecuadamente y optan por no seguir los enlaces. Esto significa que la redirección, sea como sea debe ser 301 si tiene fines SEO.

Los códigos de respuesta

En el protocolo http existen diferentes códigos de respuesta para indicar una redirección (en el World Wide Web Consortium[18]se puede encontrar una lista con todos los códigos y su significado). No obstante, los dos códigos más populares son: la redirección 301 y 302, que tienen una diferencia fundamental:

301:     Trasladado permanentemente
302:     Trasladado temporal

Muchos sitios web utilizan automáticamente la redirección 302, pero los buscadores no interpretan este código como una redirección real. Es decir, esta redirección indica exactamente que se sustituye una

---

[18]http://www.w3.org/Protocols/rfc2616/rfc2616-sec10.html

URL por otra, pero solo de manera temporal por lo que los buscadores solo recordarán la antigua URL.

Por el contrario, la redirección 301 le indica a los buscadores que el antiguo enlace ha sido eliminado definitivamente por lo que tendrán que borrarlo de su memoria y reemplazarlo con el nuevo enlace. Así, dentro de todas las opciones de redirección disponibles, **la redirección 301 es la única que comprenden los buscadores**. En este punto, la redirección con JavaScript y el uso de las etiquetas meta para refrescar la redirección no son aplicables.

Las redirecciones 302 suelen ser la redirección por defecto en un servidor, ya que históricamente se han utilizado con fines de seguridad y privacidad. La imagen a continuación muestra cómo todos los enlaces de la antigua URL se refieren a la nueva URL.

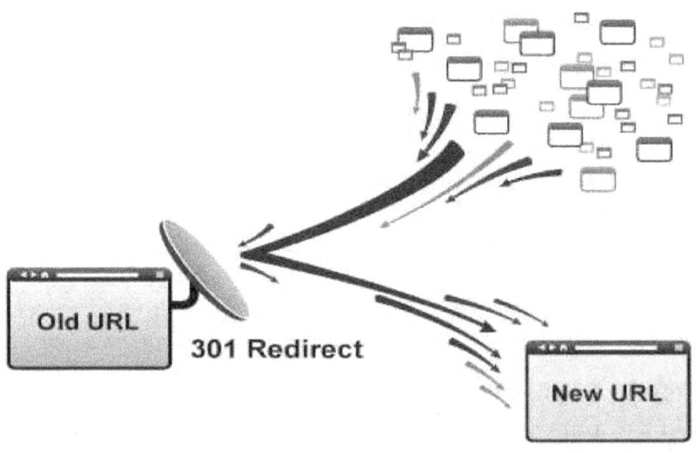

Fuente: www.elliance.com

Una página de error debe mostrar un código 404

Una página de error del tipo 'esta página no se pudo encontrar' debe mostrar un código de de respuesta 404, si mostrara un código 200 sería indexada y crearía una mala experiencia en los usuarios y un factor negativo de cara al posicionamiento.

Uno de los usos de las redirecciones 301 es solucionar los problemas de páginas 404 de un sitio web, muy habitual en migraciones y en sitios que no tienen un mantenimiento SEO. Este seguimiento es especialmente importante en *e-commerce* con rotación de productos.

Hay técnicas para evitar las páginas de error 404, pero hay que tener planificado cómo se va a dar respuesta a estos errores, ya sea mediante un seguimiento activo de resolución como a un análisis de cuáles son y por qué se están produciendo.

Se puede hacer el seguimiento de las páginas 404 desde la herramienta de analítica web si previamente se ha implementado el seguimiento, así como desde las herramientas de Google para Webmasters (más adelante en este mismo capítulo nos referimos a esta herramienta).

Cómo hacer la redirección 301

Una redirección 301 se puede colocar en el fichero .htaccess o en cualquier otro lenguaje de programación (ya que el .htaccess solo

está disponible si se utiliza un servidor web Apache. La principal ventaja del fichero .htaccess es que permite redireccionar un gran número de URL estableciendo reglas. A continuación mostramos varios ejemplos de una redirección 301 en diferentes lenguajes de programación:

.htaccess

```
Redirect 301 /antigua.html
http://www.onetomarket.es/nueva.html
```

PHP

```
<?php
header("HTTP/1.1 301 Moved Permanently");
header("Location: http://www.onetomarket.es/nueva.h
tml");
?>
```

ASP

```
<%
Response.Status="301 Moved Permanently"
Response.AddHeader "Location",
"http://www.onetomarket.es/nueva.html"
%>
```

ASP.NET

```
<scriptrunat="server">
private void Page_Load(object sender,
System.EventArgs e)
{
Response.Status = "301 Moved Permanently";
Response.AddHeader("Location","http://www.onetomark
et.es/nueva.html");
}
</script>
```

Versión canónica. ¿Insertar o no las www?

Muy pocos saben que www es un subdominio, por eso, desde el punto de vista técnico, http://casadellibro.com es diferente de http://www.casadellibro.com, así, los buscadores comprenden que ambas URL son distintas. No obstante, en muchas ocasiones tomamos la vía más fácil y tecleamos simplemente: 'casadellibro.com'; entonces el navegador lo reemplaza con: http://casadellibro.com, una dirección que continúa siendo diferente de http://www.casadellibro.com. A pesar de estas diferencias, casi siempre las versiones con o sin www muestran el mismo sitio web por lo que existe el peligro del contenido duplicado.

Normalmente se opta por crear con www la versión principal, sería la versión canónica, y se redirige desde la versión sin www a la versión con www con un fichero .htaccess (siempre que se utilice un servidor Apache). Se puede utilizar el siguiente código:

```
RewriteEngineOn
RewriteCond %{HTTP_HOST} ^casadellibro\.com [NC]
RewriteRule ^(.*) http://www.casadellibro.com/$1 [l,R=301]
```

Las URL aptas para usuarios y buscadores

Echemos un vistazo a dos URL diferentes:

www.web.es/index.php?mainID=26§ionID=43&itemID=327

www.web.es/categoria-principal/subcategoria-palabra-clave/

Es obvio que la segunda versión da una impresión mucho mejor, indica el tema de la página web, y se puede memorizar y reproducir, mientras que la primera URL es menos atractiva porque utiliza todos los ID técnicos para encontrar el elemento adecuado dentro de la base de datos. Si mostramos ambas URL en los resultados de búsqueda, el segundo enlace seguramente atraerá más clics simplemente porque es más informativo y atractivo. Además, la segunda URL también se indexa con mayor facilidad por parte de los buscadores y representa una oportunidad más para reforzar la estructura del sitio web.

Lo ideal sería que la URL indicase el tema de la página web, por ejemplo, /libros-historia/las-venas-abiertas-de-america-latina, representa un fichero existente pero no tiene que ser necesariamente así, es decir, el fichero puede existir solo en la URL pero no físicamente en el servidor. Existen diferentes métodos para crear una URL-ID apta para buscadores, en este capítulo analizaremos dos formas de hacerlo.

Método 1: mod_rewrite en Apache

mod_rewrite es un módulo del servidor Apache al que se puede acceder ubicando un fichero .htaccess en la raíz del sitio web. En este fichero se indicará que el RewriteEngine debe estar activado:

```
RewriteEngine on
```

Si la estructura de la URL se muestra de la siguiente manera:

```
1) www.site.es/index.php?mainID=26&sectionID=43&ite
   mID=327
```

La URL no tiene términos de búsqueda, de manera que si la optimizamos y eliminamos las variables, nos queda:

```
2) www.site.es/26/43/327/
```

El mod-rewrite debe reescribir la URL 2 de forma tal que trabaje intermitentemente con la URL 1, para lograrlo se usa RewriteRule. Antes de explicar esto con más detalle, he aquí el código de la regla:

```
RewriteRule ^(0-9+)/(0-9+)/(0-9+)
index.php?mainID=$1&sectionID=$2&itemID=$3 [L]
```

El signo ^ indica el nombre del dominio, por ejemplo www.site.es. A continuación se incluye (0-9+)listado tres veces y separados por una barra. (0-9+) describe una serie de números donde el signo + indica que la serie debe continuar hasta que se encuentre un carácter que no sea un número. Al usar este método las series de números que se encuentran entre las barras se reemplazan con una variable. Las primeras series se convierten en $1, la segunda en $2y la tercera en $3. Después, las series de números se sitúan en la URL, que inicia con index.php.

Todo el fichero .htaccess se mostrará de la siguiente manera:

```
RewriteEngine On
RewriteRule ^(0-9+)/(0-9+)/(0-9+)
index.php?mainID=$1&sectionID=$2&itemID=$3 [L]
```

A continuación, se deben reemplazar todas las antiguas URL del sitio web para pasar a usar las nuevas URL según el formato número 2. No obstante, como la antigua URL tiene historial, se debería colocar una redirección a la nueva tal y como explicábamos al principio de este capítulo.

Evaluación de este método

El método que hemos mostrado funciona bien y puede programarse con rapidez, el único problema que presenta es que el uso de ReWriteRules puede ser complejo. De hecho, a veces ReWriteRules es tan complicado que para poder realizar todo el trabajo se necesita un conocimiento básico de las expresiones regulares (entiéndase estas como una vía para describir los patrones utilizados por el ordenador para comprender el texto).

Método 2: Reemplazar la URL con PHP

Existe otra forma para reescribir las URL basada en el uso de PHP (o cualquier otro lenguaje de programación de servidor) y no en el mod_rewrite. Una vez más, se deberá crear un fichero .htaccess pero el contenido será diferente:

```
RewriteEngine on


RewriteRule !\.(gif|jpg|png|css|js)$
/home/httpd/vhosts/site.es/httpdocs/site.php
```

📖 Ruta de raíz

El archivo /inicio/httpd/vhosts/site.es es una ruta de raíz hacia el fichero. Como la ruta es diferente para cada servidor, se deberá descubrir cuál es la propia ruta de raíz.

Esto significa que cada fichero que no tenga las extensiones .gif, .jpg, .png, .css o .js se reescribirá en el fichero site.php. Ahora se puede leer la URL desde el fichero site.php y ver qué contenidos se mostrará. También es posible no reescribir todos los archivos, para lograrlo basta con excluir los archivos que no se quieran reescribir. En el ejemplo a continuación se muestran los archivos/stats que no se reescribirán:

```
RewriteEngine on

RewriteRule ^stats/.*$ - [L]
RewriteRule ^stats/$ - [L]
RewriteRule ^stats$ - [L]

RewriteRule !\.(gif|jpg|png|css|js)$
/var/www/dominio.com/index.php
```

Todas las URL que no comiencen con /stats se reescribirán a index.php. Ahora se puede usar index.php para determinar qué páginas se deben mostrar basándose en la URL semántica.

Usaremos la siguiente URL como ejemplo: /libros-historia/las-venas-abiertas-de-america-latina. Necesitamos usar libros-historia y las-venas-abiertas-de-america-latina para determinar qué URL se mostrará. Esto se puede hacer usando el siguiente código PHP:

```php
<?php
$parts = explode(',', $_SERVER['REQUEST_URI']) ;

// $parts[0] = "";
// $parts[1] = "libros-historia";
// $parts[2] = "las-venas-abiertas-de-america-
latina ";
?>
```

Ahora se pueden usar las variables para determinar el contenido que se mostrará.

Evaluación de este método

Este método no requiere ningún tipo de conocimiento sobre las expresiones regulares ya que la mayor parte del trabajo de reescritura se realiza a nivel de PHP. No obstante, es necesario excluir los archivos que no quieran redireccionarse.

El uso de estas técnicas requiere hacer un cambio a nivel de página, de forma que tenemos que ser capaces no sólo de leer nuevas URL, sino que tenemos que ser capaces de generarlas.

Más bibliografía sobre mod_rewrite

Aún queda mucho que decir sobre mod_rewrite pero sería imposible abarcarlo todo en este libro. Quienes deseen profundizar en este tema tienen a su disposición otras fuentes bibliográficas, una de las mejores es la explicación de Apache que puede encontrarse en: http://httpd.apache.org/docs/1.3/mod/mod_rewrite.html. A los lectores que estén interesados en profundizar aún más en este tema les recomendamos: La Guía Definitiva para Apache mod_rewrite, escrita por Rich Bowen [19].

El contenido duplicado

Uno de los problemas más comunes de un sitio web es el contenido duplicado. Cuando nos referimos al contenido duplicado estamos hablando de dos o más URL diferentes que refieren el mismo contenido. Existen varias situaciones en las que esto puede suceder:

- La página incluye un artículo y una versión para imprimir.
- Los productos se encuentran listados en diferentes categorías y cada una tiene una URL distinta.
- Los sitios web que no han elegido una versión canónica (www.dominio.com y dominio.com)

El problema que acarrea el contenido duplicado es que los buscadores no desean mostrar el mismo contenido más de una vez, por lo que optan por elegir una URL y descartan el resto. Esto

---

[19]ISBN-10: 1590595610; ISBN-13: 978-1590595619

significa que las páginas *web* que no se muestran pierden el valor del enlace y, además, puede ocurrir que el buscador no devuelva la URL del contenido original o la que por diferentes motivos interese mostrar.

Aun así, el problema del contenido duplicado usualmente se subestima. Cuando se construye un sitio *web* se debe intentar por todos los medios que este problema no se presente, la forma más sencilla de evitarlo es crear páginas web con URL únicas. Cuando esto no sea posible, por ejemplo, en el caso de las versiones para imprimir con otra URL, se puede aplicar un atributo *nofollow* a la URL e incluir la URL en el fichero robots.txt (en la sección siguiente se explica qué son los ficheros robots.txt).

La forma más correcta desde el punto de vista semántico, es mediante el uso del atributo rel="print" dentro del enlace, que indicará a los buscadores que se está enlazando a la versión imprimible.

Otra situación en la que puede aparecer contenido duplicado es a través de los buscadores internos. Pongamos por caso que los buscadores internos permiten buscar todos los elementos dentro de una categoría y que las páginas resultantes serán (al menos en gran parte), una copia de la página de categorías. Hay que intentar evitar esta situación personalizando el contenido para las páginas de resultados, así como revisando la paginación de los resultados. En este ejemplo, deberemos asegurarnos de que las páginas de resultados no sean indexadas ya que, además, estas páginas difícilmente atraerán enlaces y no acumularán ningún valor. Para excluir estas páginas de la indexación basta añadir una meta etiqueta robots con el siguiente contenido: *noindex, follow*.

Este error de paginación lo podemos encontrar en las páginas de contenidos o categorías, y habrá que estar antento a personalizar los metas title y description de la cabecera.

Los robots.txt

Los robots.txt son un fichero de texto que le indica a los buscadores qué páginas web hay que indexar y cuáles no. Este fichero se sitúa en la raíz del sitio web de forma que los buscadores llegan al mismo a través de www.sitio.es/robots.txt, y lo pueden leer antes de comenzar a rastrear el sitio web.

💣 Localización del CMS en robots.txt

Como el fichero debe situarse en la raíz del dominio: www.sitio.es/robots.txt, puede ser accesible para todos. Por lo tanto, si este fichero se coloca en el gestor de contenidos (CMS por sus siglas en inglés) todo el mundo podrá localizarlo, incluidos los hackers.

A continuación ofrecemos un ejemplo de un fichero robots.txt:

```
Sitemap: http://www.sitio.es/sitemap.xml
User-agent: *
Disallow: /cgi-bin/
Disallow: */tmp*
Disallow: /junk/
```

Este fichero indica que ningún buscador está autorizado a rastrear estos directorios, incluido cualquier otro tipo de fichero interno dentro de los mismos. Por ejemplo, www.site.es/tmp/tmp2/tmp3.html no se podrá rastrear.

Además estamos reafirmando al buscador en qué URL dónde está alojado el *sitemap* principal de la *web*.

El código que aparece debajo se utiliza para determinar qué directorios no deben ser rastreados, con este objetivo se usa el comando 'disallow' mientras el comando 'allow' le indica a los buscadores qué directorios están abiertos para ser indexados, pese a que últimamente el comando 'allow' no tiene ningún efecto ya que si no se incluye ningún comando, los buscadores lo rastrearán todo por defecto. No obstante, el comando 'allow' también es útil para especificar que un archivo no debe ser indexado pero sí un fichero en su interior. Esto se puede hacer con el siguiente fragmento de código:

```
User-agent: *
Disallow: /hidden-folder/
Allow: /hidden-folder/access-file.html
```

Obviamente, no es práctico incluir en un fichero robots.txt todo lo que debe ser indexado y lo que no, sobre todo si se trata de un sitio web grande. Afortunadamente, los buscadores comprenden los caracteres comodín (en inglés, wildcards). Los caracteres comodín son signos que representan otros signos. Por ejemplo, * indica una serie de al menos un carácter. Si por alguna razón particular, no queremos que nuestras imágenes aparezcan en los resultados de búsqueda, el carácter comodín puede ser útil para asegurarnos de que estas no aparecerán listadas en el Buscador de Imágenes. El siguiente código permite hacerlo:

```
User-agent: *
Disallow: /*.jpg$
Disallow: /*.gif$
```

El signo $ indica el final de la URL. Con este fragmento de código robots.txt, todos los ficheros con la extensión .jpg o .gif no serán indexados. Otro ejemplo podría ser cuando no se desea indexar una URL que no sea apta para buscadores. Estas URL incluyen un ? por lo que puede utilizarse el código que se muestra a continuación con el que se excluyen todas las URL que contienen el signo ?, es decir, que incluyen variables:

```
User-agent: *
Disallow: /*?
```

Más adelante en este mismo capítulo analizaremos las Herramientas de Google para webmasters, que también pueden ser útiles en temas relacionados con los robots.txt. Google utiliza las Herramientas para webmasters para indicar qué páginas web no han sido encontradas ya que han sido excluidas del fichero robots.txt. Estas herramientas también pueden usarse para conocer si los robots.txt están cumpliendo adecuadamente con su trabajo.

Se recomienda limitar el número de páginas que no se quieren indexar, por temas de seguridad.

Los robots.txt por sí solos no son suficiente

Cuando a través del fichero robots.txt se excluye una página *web* de los buscadores, es importante que todos los enlaces hacia esta página que posean el atributo rel="nofollow" pasen a ser reescritos mediante JavaScript. En caso de que no se haga, el valor del enlace pasará inútilmente a esta página web y es posible que Google continúe indexando la página durante un tiempo. En este caso, estaríamos malgastando el valor del enlace hacia una página web que no será indexada y que, además, continuará apareciendo la página en los resultados de búsqueda a pesar de que no es lo que se pretende.

Sitemaps XML

Existen dos tipos de *sitemaps* web; el primero de ellos, el mapa web, ya se mencionó con anterioridad y sirve para ofrecer al usuario una visión de conjunto del sitio web, mientras que el segundo se denomina *sitemap* XML. Este sitemap no está dirigido a los usuarios sino exclusivamente a los buscadores y se utiliza como repositorio de todas las URL del sitio web. De esta forma los buscadores podrán indexar con mayor facilidad las páginas del sitio web. Además, también se les puede dar información adicional del tipo: cuándo se realizó la última modificación de la página, con qué frecuencia se cambia el contenido de la página web, etc.

Google indica que un *sitemap* XML es útil para indexar el contenido que no ha sido rastreado a través de la estructura normal. Y, así es, no solo indicamos al buscador cuál es la estructura de la web sino que incluimos todas las URL, de forma que tendrá acceso a aquellas que no tengan enlaces.

No obstante, también es importante señalar que el *sitemap* XML no es una solución propiamente dicha para mejorar el posicionamiento de las páginas web, sino que es solo una ayuda para su indexación. Es decir, gracias al *sitemap* XML Google logrará acceder a estas páginas web y rastrearlas, pero si no existe ningún enlace que dirija hacia ellas, será muy difícil que logren un buen posicionamiento.

La estructura de los *sitemaps* ha evolucionado desde el primer archivo de texto plano a *sitemaps* construidos en XML que permiten indexar URL o llegar más lejos añadiendo imágenes y vídeos.

En sitios webs grandes hay que tener en cuenta los límites del fichero que no pueden exceder las 30.000 URL's y 10Mb por *sitemap*. En el caso de exceder estos límites se recomienda crear un *sitemap* índice y los *sitemaps* de URL necesarios según el tamaño de la página.

Se recomienda tener una estrategia de *sitemaps* adecuada para la estrategia de cada página web, de forma que según la estructura de *sitemaps* elegida, se puede potenciar la indexación de la página ajustando la frecuencia de indexación y el tipo de *sitemap* en función de su contenido, importancia y estructura dentro de la web.

En la estrategia de sitemaps, en el caso en que la web tenga alojados videos, tener un sitemap específico de video, y añadri en los sitemaps de productos la imágenes adoptando para este sitemap el protocolo adecuado.

Encontrarás más información sobre el *sitemap* XML en: http://www.sitemaps.org/.

Las Herramientas para Webmasters de Google

Cuando los buscadores indexan un sitio web suelen aparecer todo tipo de errores: algunas páginas simplemente no existen, otras dan error 404, hay URL que no pueden rastrearse porque así lo indica el archivo robots.txt por error, etc. Afortunadamente, Google tiene un programa denominado Herramientas para Webmasters (Google Webmaster Tools) que muestra qué encontró el buscador al indexar el sitio web.

Puedes acceder a las Herramientas para Webmasters a través del enlace: www.google.com/webmasters/tools. Deberás crear la cuenta y demostrar que eres el propietario del sitio web. Para hacerlo existen varias posibilidades: incluir un meta-tag en la cabecera de la web, subir un archivo a la raíz del servidor, ser administrador de la página mediante Google Analytics o mediante la configuración de las DNS del dominio.

Una vez que se ha validado la propiedad de la *web*, se le pide a Google que verifique la cuenta. Después de esto, se puede iniciar la sesión.

Algunos de los informes destacados de las herramientas de Google para Webmasters son:

- Configuración geográfica de la página web.
- *Sitemaps* de la web.
- Consultas de búsqueda por las que la web aparece en resultados de Google.
- Enlaces entrantes.
- Impacto en Google +.
- Monitorización de errores de la web.
- Rendimiento de la página respecto al resto de webs.

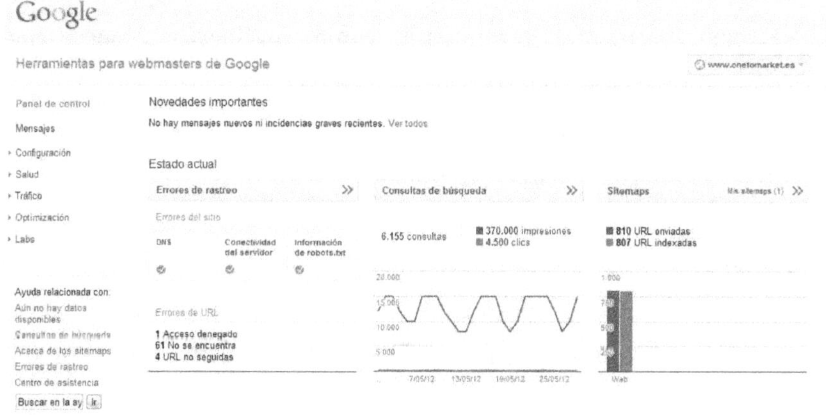

**** 08-02   Herramienta para Webmasters de Google*

Esta herramienta es extremadamente útil, especialmente para los sitios web nuevos o cuando se hace un cambio de web, ya que permite controlar si Google ya ha encontrado el sitio y si ha comenzado a indexarlo. Además, puede ser interesante ver si el número de páginas rastreadas aumenta tan pronto como se comience a añadir contenido con regularidad al sitio web.

Algunos de los informes que muestra Google Webmaster Tools no son tan valiosos, como el informe de enlaces entrantes, ya que únicamente muestra una representación del total de enlaces que apuntan a la web y los mostrados suelen ser poco representativos o de dudosa calidad como para poder tomar decisiones al respecto.

Para poder ver la evolución de los enlaces conseguidos por una web, se puede recurir a herramientas como SpyGlass o MagesticSEO, ambas ofrecen una muestra del total de enlaces que obtiene la página web, en este caso más representativa que la que nos ofrece Google, además permite hacer un seguimiento cualitativo.

En definitiva, las Herramientas para Webmasters de Google ofrecen una gran cantidad de posibilidades a la hora de hacer el seguimiento de la evolución del sitio web y son un buen recurso que es recomendable utilizar.

📖 Las Herramientas para Webmasters de otros buscadores

Bing tiene una aplicación similar, pero los datos mostrados son más reducidos que en la herramienta de Google y algunos de ellos también son poco representativos para poder tomar decisiones.

Conclusión

Como habrás podido apreciar al leer este capítulo, es importante no descuidar los aspectos técnicos del sitio web. Un sitio web con contenido duplicado no logrará un buen rendimiento hasta que este problema no se resuelva y lo mismo sucede con la reescritura de URL, que contribuye a mejorar tanto la experiencia del usuario como el posicionamiento en los buscadores.

Todos estos aspectos técnicos no deberían ser un 'debería'sino que son la base técnica y de correcta indexación de una página web, no son temas complicados o imposibles y para cualquier web con intención de posicionar en un mercado mínimamente competitivo, es una obligación tenerlos bien resueltos. Una auditoría anual o semestral de estos parámetros puede ser una buena forma de no perderlos de vista. Muchas veces nos preguntamos ¿por qué nuestra competencia posiciona tan rápido o en peores condiciones SEO y en total consigue mejores resultados que tu web? Tener la base de SEO técnico resuelto puede ser la respuesta.

Lista de verificación

Analizar los aspectos técnicos siguientes:

- ¿Usas la redirección 301 para redireccionar una página web?
- ¿La página 404 realmente devuelve un código de respuesta 404?
- ¿Las URL son aptas para buscadores y usuarios?
- ¿Has escogido la versión canónica?

¿Tienes contenido duplicado?

- ¿En las páginas para imprimir?
- ¿En las páginas de los productos que están listados en diferentes categorías?
- ¿La página de inicio es accesible a través de diferentes URL?

¿Es correcto el archivo robot.txt?

- ¿No habrás excluido demasiado contenido?

¿Has añadido el *sitemap* XML (en el caso de que tengas uno) a los buscadores? ¿Tienes una estrategia de *sitemaps*?

¿Has creado una cuenta en las Herramientas para Webmasters de Google?

Los enlaces externos

El linkbuiding *o búsqueda de enlaces externos consiste en conseguir enlaces entrantes al sitio web con el objetivo de aumentar su valor de cara a los buscadores.*

Internet es básicamente una red de enlaces y sitios web que se refieren los unos a los otros y esto es lo que posibilita que las arañas de un buscador puedan rastrear todo el contenido de Internet. Si un sitio web tiene un gran número de enlaces que apuntan hacia él, su valor aumentará y se encontrará con más facilidad. Un buen posicionamiento en los buscadores está determinado por tres factores:

- *La calidad desde el punto de vista técnico de la plantilla del sitio web y el sistema de gestión de contenido (la arquitectura del sitio)*
- *La calidad del contenido*
- *Los enlaces externos desde otros sitios web*

La importancia de cada uno de estos factores es relativa y cambia constantemente, pero en los últimos años ninguno de los tres ha tenido una relevancia menor del 20%. Normalmente los enlaces externos poseen un peso que oscila entre el 40-60% para el

posicionamiento. Obviamente, los factores "on-site" son más fáciles de optimizar, ya que se pueden controlar totalmente, mientras que para obtener los enlaces externos se necesita de terceros por lo que es mucho más difícil ejercer el control. Así, en el momento de optimizar el sitio web, la obtención de enlaces externos se convierte en la parte más intensa del trabajo.

Es importante entender que a menudo los enlaces externos son el factor que marca la diferencia entre un buen posicionamiento y un mal posicionamiento, para prestarle la atención que merece.

En este capítulo aprenderás:

En este capítulo aprenderás los fundamentos del linkbuilding. *También aprenderás acerca de los factores de calidad del perfil de enlaces de un sitio web y los factores de calidad de un enlace. Podrás utilizar lo que aprendas de inmediato, haciendo* linkbuilding *para tu propio sitio web. En este capítulo se repetirá la idea de que el* linkbuilding *es una actividad a largo plazo, que de hecho debe estar incluida en todas las actividades de marketing de cualquier organización.*

¿Qué es un enlace?

Un enlace es una referencia de un sitio web hacia otro y, en cierta manera, puede entenderse como un voto al sitio. Según esto, ¿cuál es el aspecto de un enlace?

En el código HTML el enlace aparecerá así:

`<a href="http://www.sitio.es">Texto del enlace</a>`

El atributo href es el que apunta a la página de destino, la página enlazada. Los enlaces pueden ser de texto, como el que acabamos de ver, pero también pueden tomar otras formas, por ejemplo, una imagen.

¿Por qué los enlaces externos son tan importantes?

El proceso de optimización de un sitio web se puede dividir en dos fases: optimización *on-site* y *off-site*. La optimización *on-site* se refiere a todas las acciones SEO realizadas dentro del sitio web, mientras que la obtención de enlaces externos es un proceso de optimización *off-site*.

En SEO la relación entre *on-site* y *off-site* es de 40/60; un 40% para las técnicas que se aplican dentro de la página web y un 60% para el proceso externo a la página. Obviamente, esta proporción depende

mucho del mercado ya que en un sector altamente competitivo (como el de los viajes, por ejemplo) el sitio web necesitará más enlaces para lograr un buen posicionamiento.

Los enlaces externos son imprescindibles para cualquier sitio web que pretenda posicionarse bien en los buscadores: permiten que una página web alcance un buen posicionamiento en los términos de búsqueda y las palabras altamente competitivos.

Finalmente, debe puntualizarse que los buscadores utilizan el perfil del enlace de la página para determinar el tema del sitio web, así como para determinar la autoridad.

¿Cómo calcular el valor del enlace?

Los buscadores valoran los enlaces a una página web por dos factores: la calidad y la cantidad. A su vez, la calidad se divide en cuatro factores:

- tema / relevancia
- *anchor text*
- poder / autoridad
- legitimidad

Estos cuatro factores son esenciales para comprender el proceso de obtención de enlaces externos. Los analizamos uno a uno a continuación.

- **Tema / Relevancia**

Un enlace desde una página donde aparece una reseña de libros hacia un sitio web sobre los seguros de vida no es relevante para los usuarios ni para los buscadores. Sin embargo, un enlace desde esa misma página de reseña de libros hacia un sitio web de una librería (como podría ser www. casadellibro.com), es altamente relevante. Es decir, es importante atraer enlaces de las páginas que tratan temas similares, ya que así ayudamos a los buscadores a determinar el tema de la página y de todo el sitio web. Además, otro punto importante es que los enlaces que provienen de sitios web de carácter informativo y no comercial, a menudo tienen mucho más valor que los enlaces de los sitios web comerciales.

- *Anchor text*

El texto que se utiliza para enlazar una página web es la primera indicación (tanto para los usuarios como para los buscadores) sobre el contenido de la misma. En pocas palabras, este texto debería de ser esencialmente una descripción corta de la página web a la que enlaza, es decir, utilizar las palabras clave que la definan. Además, si se utiliza con frecuencia el mismo *anchor text* para enlazar una página, los buscadores entenderán que esas palabras son altamente relevantes para la página. Por ende, cuantos más enlaces existan con el *anchor text* 'libros de cocina', mejor se posicionará la página para ese término de búsqueda.

Variar el *anchor text* de los enlaces externos

Si todos los enlaces externos hacia una página web tienen el mismo *anchor text* los buscadores sospecharán que los enlaces no se han obtenido de forma natural, es decir, sin que medie un intercambio o una búsqueda de enlaces. En ese caso, se corre el riesgo de que los buscadores consideren esta página como *spam* o de que la investiguen. Por ello, es recomendable variar el *anchor text,* utiliza sinónimos, singular o plural...

- **Valor/Autoridad**

El valor de un enlace depende de diferentes factores, los tres más importantes son:

- ✓ ¿Cuántos enlaces entrantes tiene la página web que enlaza?
- ✓ ¿Cuántos enlaces salientes tiene la página web que enlaza?
- ✓ ¿Cuántos enlaces entrantes tiene el dominio de la página web que enlaza?

Obviamente, un sitio web atraerá una gran cantidad de enlaces si ofrece información de calidad y es percibido como una autoridad en un determinado sector. El estatus y la autoridad a menudo proporcionan enlaces que aportan grandes beneficios en términos de posicionamiento.

- **Legitimidad**

A ojos de los buscadores, los enlaces válidos son aquellos que se hayan obtenido de forma natural, es decir, un sitio web que ofrece contenido de calidad y que, en consecuencia, recibe un gran número de enlaces que apuntan hacia el mismo. En este sentido, los buscadores penalizan la compra de enlaces como método para lograr un mejor posicionamiento en sus resultados de búsqueda. Por supuesto, es legítimo comprar enlaces en sitios web que generan mucho tráfico relevante (por ejemplo, un portal dentro de nuestro sector), para obtener tráfico directo, pero estos enlaces deberían tener la etiqueta "no-follow", de manera que indicamos al buscador que no lo tenga en cuenta en su algoritmo. De esta forma el enlace no contribuirá a mejorar el posicionamiento pero no nos arriesgamos a ser penalizados por incumplir las directrices de calidad de los buscadores en contra de la compra de enlaces.

La etiqueta nofollow

Un enlace con la etiqueta 'nofollow' se muestra de la siguiente forma:

```
<a href="http:// www.casadellibro.com
/libros/coaching" rel="nofollow">Libros sobre
Coaching</a>
```

La etiqueta nofollow asegura que el enlace no será tomado en cuenta cuando se calcule el valor de la página web de destino, ya que los

buscadores entienden que no deben tenerlo en cuenta para el posicionamiento de la página enlazada.

El PageRank

El PageRank es una parte integrante del algoritmo de Google, junto a otros centenares de factores. Es muy popular, incluso entre los no especialistas en posicionamiento en buscadores, porque fue una importante innovación en su momento, y contribuyó a destacar a Google de otros buscadores.

El PageRank de una página se define en función de la cantidad y calidad de páginas que la enlazan. O dicho de otra forma, el PR de una página es el resultado de una "votación" entre todas las demás páginas de Internet acerca de la importancia que tiene esa página (en función de si la enlazan o no).

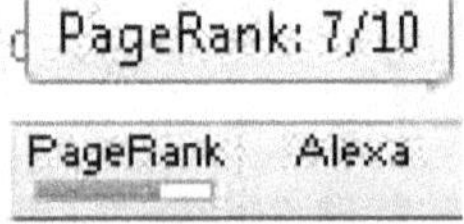

Google.es tiene un PageRank 7

Se suele decir que el PageRank de Google es un buen indicador del valor que tiene una página web y, por tanto, un buen indicador del valor que puede tener para tu página el hecho de que esa página te enlace, pero esto no es totalmente cierto, porque conseguir enlaces desde páginas temáticamente relacionadas con la nuestra pero en las que el PR es muy bajo, por ejemplo, porque son muy nuevas, es algo muy bueno.

El Page Rank se basa en el cálculo de dos factores: el número de los enlaces entrantes y su valor. Así, el valor de los enlaces depende en parte del número de enlaces entrantes que tenga la página web.

El PageRank puede compararse con el índice de impacto que utilizan las publicaciones científicas. El índice de impacto se basa en el número de citas que tiene la revista en otras publicaciones. Esto significa que el índice de impacto siempre será más alto en las áreas generales respecto a los sectores más específicos. Así, el PageRank solo sería útil cuando se intente establecer una comparación entre sitios web dentro del mismo sector del mercado.

El PageRank se actualiza continuamente pero el índice que se aprecia en la barra de instrumentos de Google solo se actualiza 3 o 4 veces el año, por lo que este valor resulta poco fiable.

La cantidad

Aunque en ocasiones un solo enlace de calidad puede tener más valor que 500 enlaces irrelevantes, la cantidad también es importante, sobre todo en el caso de Bing.

¡Atención con los enlaces de mala calidad!

Los enlaces de mala calidad también pueden afectar el posicionamiento del sitio web. Un gran número de enlaces irrelevantes puede tener un efecto negativo sobre el posicionamiento, incluso si existen enlaces de calidad que contrastan su efecto.

La coherencia y el equilibrio de todos los factores

Cuando se plantea una estrategia de búsqueda de enlaces externos, conviene tener en cuenta la coherencia y el equilibrio de los enlaces que se quieran obtener. Es muy fácil optar por la cantidad en vez de la calidad, usar continuamente el mismo *anchor text* y dirigirse solo a las páginas web donde se pueden obtener enlaces de manera sencilla y rápida. No obstante, para que la campaña de *linkbuilding* tenga el efecto deseado es importante que todos los factores estén adecuadamente equilibrados.

Podemos guiarnos por una regla de oro: aquel enlace que todo el mundo puede conseguir fácilmente no es un enlace de valor.

Conseguir enlaces externos es una inversión a largo plazo que demanda tiempo y esfuerzo, pero que reporta grandes beneficios y, por ello, debe formar parte de la estrategia de posicionamiento de un sitio *web*.

Catalogando los diferentes tipos de enlaces

El tipo de enlace dependerá del sitio web que enlaza, así, podemos dividirlos en dos categorías diferentes:

1. Por relevancia:

- **Temáticos**

  Sitio web que trata el mismo tema y tiene contenido relevante.

- **De portales**

  Un portal es un sitio web que aglutina todo tipo de información y recursos sobre un sector determinado y, por ello, tiene muchos enlaces entrantes y salientes.

2. Por autoridad

Se afirma que un sitio web tiene autoridad cuando es un referente en su área de especialidad, ha logrado un posicionamiento alto en su sector y ofrece información de calidad. Obviamente, un enlace desde estos sitios web mejora la credibilidad de nuestro sitio. Por ejemplo, en el caso de sitios *web* de información al consumidor en España, un

buen ejemplo de un sitio web con autoridad es consumer.es.

A su vez, la autoridad se puede dividir en dos tipos:

1) **Autoridad local/sectorial**

   Es la autoridad basada en un tema o sector, como pueden ser: http://www.universia.es o http://www.imdb.com

2) **Autoridad mundial**

   Es la autoridad basada en los enlaces mundiales como son los casos de Apple.com, Microsoft.com, Wikipedia.org y W3c.org.

Definición de autoridad

La autoridad en el campo de los buscadores tiene el mismo significado que en el mundo 'real': un experto cuya opinión es importante y valiosa.

No obstante, los buscadores determinan la autoridad de una forma diferente ya que se basan en un algoritmo según el cual cada enlace es percibido como una opinión o voto. Obviamente, la autoridad offline no tiene necesariamente que coincidir con la autoridad online.

Johan Cruyff sería un ejemplo de autoridad en el tema de fútbol o Eduard Punset en el área de la divulgación científica. Otros ejemplos de autoridades locales o sectoriales son: Gabriel García Márquez, John Williams o Pedro Almodóvar.

Algunos ejemplos de autoridades mundiales son: Leonardo da

Vinci, Dalai Lama, Mahatma Gandhi, Freud y Einstein. Tal y como sucede en el mundo real, las autoridades globales son escasas online.

El equilibrio en el perfil de enlaces

Para crear un perfil de enlaces eficaz conviene obtener enlaces relevantes y de sitios con autoridad y mantener un equilibrio adecuado, en cuanto al *anchor text* de los enlaces entrantes, el PR de los sitios que enlazan, el porcentaje de enlaces con *no follow*, etc.

¿Cómo ver el perfil de enlaces del sitio web?

Hasta finales de 2011 era Yahoo quien ofrecía los datos más detallados sobre el perfil de enlaces de un sitio web, pero la compañía cerró este servicio a finales de 2011, coincidiendo con el final de la integración de Bing como motor de búsqueda en todos los sitios web de Yahoo.

Para ver unos pocos enlaces entrantes también se puede utilizar el comando "link" en Google (ejemplo: link: www.casadellibro.com), aunque Google solo ofrece una pequeña muestra de todos los enlaces entrantes al sitio web. La fuente más fiable para conocer los enlaces entrantes que tiene un sitio web son las Herramientas para Webmasters de Google (www.google.com/webmasters/tools) aunque solo se puede analizar el sitio web del que somos propietarios.

¿Qué herramientas tienen la capacidad de indexación necesaria para facilitar un perfil de enlaces cercano a la realidad de cualquier sitio web? Dos organizaciones que sí disponen de esta capacidad son SEOmoz (con Open Site Explorer) y Majestic SEO. Sin embargo, sus versiones gratuitas ofrecen realmente información incompleta, y el acceso a la información completa es de pago. Hay que tener en cuenta que la mayoría de programas gratuitos o de pago que analizan el perfil de enlaces de un sitio web trabajan la información a partir de los datos de una de estas fuentes mencionadas (SEOmoz o Majestic SEO).

Linkdiagnosis.com

Linkdiagnosis utiliza los datos de Open Site Explorer. Funciona a partir de una extensión para el navegador Firefox, y ofrece una visión de conjunto de los diferentes datos del perfil de enlaces.

Backlinks Overview

Search | Export | Columns Customizer | Save | Share

	URL	Title	Anchor	Link Type	PR	OBL	MOBI	STR	mozRank	SEOmoz	SEOmoz
1	http://www.onetomarket.nl/	Online marketing bij Onetomarket: SEO, SEA	[ALT] Spanish	Good	5	4	4	216	5	45	37
2	http://ibersupport.com/diensten/belastingaan	Diensten - Belastingaangifte - Ibersupport	-N/A-	Missing	4	3	3	167	4	16	18
3	http://www.onetomarket.com/	Onetomarket – Keeps you ahead in search &	[ALT] Spanish	Good	4	4	4	125	5	43	36
4	http://www.karateclick.net/	Consultor de Marketing Online	Consultor SE	marketing onli	Good	3	4	4	64	4	30	24
5	http://www.searchengineguide.com/jennifer-l	AdWords Expanded Broad Match Warning	Juan Cruz	Nofollow	5	14	13	62	4	53	81
6	http://www.otmdash.com/es/	Cómo optimizar tu negocio online. Dashboa	Estrategia onli	Good	3	5	3	51	4	25	16
7	http://www.publicidadymarketingweb.com/eq	Equmedia XL	Onetomarket	Nofollow	1	2	2	16	3	30	36
8	http://www.noticiascadadia.com/noticia/2916	Las tiendas de moda online suspenden en S	estrategia SEC	Good	2	9	7	12	3	26	39
9	http://www.leinentijn.nl/category/studie/	leinentijn.nlstudie » leinentijn.nl	Onetomarket	Good	2	11	10	10	4	26	23
10	http://www.analitica-web.com/seccion/analitic	Website Optimizer	Onetomarket	Good	3	27	22	9	4	31	32
11	http://www.m-trends.org/2008/01/mobile-sund	Mobile Sunday Barcelona – Update!	mTren	Martijn Beijk	Nofollow	2	14	13	8	3	43	56
12	http://omexpo.com/barcelona/2009/index.ph	Online Marketing Expo Barcelona 2009. Con	Onetomarket	Good	4	75	69	7	4	37	46
13	http://www.web-strategist.com/blog/category/	Europe « Web Strategy by Jeremiah Owyan	OnetoMarket	Good	5	145	81	6	5	58	81
14	http://www.carlosblanco.com/2007/04/30/yah	Yahoo adquiere Right Media	Carlos Blanc	http://www.one	Nofollow	2	20	16	5	3	37	66
15	http://www.onetomarket.de/aktuelles/smx-mue	Onetomarket auf der SMX in München	[ALT] Spanish	Good	2	21	20	5	4	34	31

Los enlaces

Se trata de una visión de conjunto de las páginas que enlazan el sitio web. En este punto es importante averiguar si se trata de enlaces de temática relevante o no. Obviamente, no todos los sitios web tienen que versar sobre el mismo tema pero si la mayoría de los enlaces no son temáticos, esto podría indicar que el perfil de enlaces es pobre. Lo mismo sucede con los enlaces de sitios web poco fiables o de baja calidad (por ejemplo, las 3P del marketing online: Porno, Póker y Píldoras).

El *anchor text*

El *anchor text* hace referencia al contenido del enlace y es importante porque contiene los términos de búsqueda que contribuirán a mejorar el posicionamiento del sitio web. Es vital comprobar que los *anchor text* están en sintonía con el contenido del sitio web y contienen las palabras clave objeto de posicionamiento. Por ejemplo, los textos del tipo: 'Haz clic aquí' no aportan información al buscador sobre la temática del sitio web. Si el objetivo es posicionar cierto término de búsqueda, es importante que estas palabras se utilicen con frecuencia en el *anchor text,* pero se recomienda usarlas en sus diferentes variantes (sinónimos, singular, plural...). Si los buscadores encuentran el mismo *anchor text* repetido pueden llegar a sospechar que el perfil de enlaces no es orgánico, sino que responde a una estrategia de obtención de enlaces, e investigar el perfil de enlaces por si se hubiera incumplido alguna de sus directrices.

La distribución del PageRank

Aunque el PageRank no es uno de los factores más fiables, puede ser un indicador de la calidad de los enlaces hacia la página web. Una gran cantidad de enlaces con un PageRank bajo pueden indicar un perfil de enlaces pobre.

Los tipos de enlaces

La herramienta muestra varios tipos de enlaces: los "buenos" (good), que son enlaces que pasan PR; los que ya no existen (*missing*), significa que los enlaces han sido eliminados; "no follow", indica que el enlace no pasa PR; y, "N/A", quiere decir que no se han encontrado datos sobre los enlaces.

Las trampas de los enlaces externos

Los enlaces patrocinados

En el verano de 2007 se suscitó una fuerte discusión sobre los enlaces patrocinados. En diciembre de ese mismo año Google implementó algunos cambios en las Directrices para Webmasters dejando claro que tomarían medidas contra los sitios web que comprasen o vendiesen enlaces. Hasta la fecha se ha podido apreciar que los sitios web que compran enlaces son penalizados a partir de una disminución del PageRank o la pérdida del posicionamiento. La razón por la cual Google ha tomado esta postura contra los enlaces patrocinados se debe a que buena parte de su algoritmo para determinar el posicionamiento de un sitio web depende de la

distribución de los enlaces. Así, comprar enlaces distorsiona la imagen real de la popularidad de una página web ya que estos enlaces no se obtienen a partir de la relevancia o autoridad del sitio web, sino a golpe de talonario, y alteran los resultados de búsqueda orgánicos que ofrece Google.

Los enlaces en función de su ubicación en la página

Es importante precisar que los buscadores entienden que un enlace en la parte central del contenido es más valioso que un enlace en el pie de página de un sitio web o en el *blogroll* de un blog. Es lo que se conoce como 'sitewide-links'. 'Sitewide' significa que el sitio web obtiene enlaces desde cada página dentro de otro sitio. Para un perfil de enlaces, esto significa que se obtendrán muchos enlaces que no están relacionados con el tema del sitio web y, por ende, serán irrelevantes para Google. Además, la falta de relevancia de estos enlaces también está relacionada con el escaso número de dominios desde los que un sitio web tiene enlaces, si ese es el caso. En efecto, es importante tener buenos enlaces (calidad y tema), un volumen de enlaces considerable (cantidad, que dependerá fundamentalmente de la competencia) y desde cuantos más dominios mejor (diversidad de dominios).

Por poner un ejemplo, tendrá mejor perfil de enlaces un sitio web con 25 enlaces desde 20 dominios distintos relacionados con su temática que un sitio web con 100 enlaces desde un único sitio (un *blogroll* de un blog, por ejemplo).

Los enlaces recíprocos

El término enlaces recíprocos se utiliza para indicar dos sitios web que se enlazan el uno con el otro. La página A pone un enlace a la página B y la página B coloca un enlace a la página A. Otro término para referirse a este fenómeno es: intercambio de enlaces. Obviamente, si los enlaces recíprocos se utilizan frecuentemente para construir una red de enlaces los buscadores podrán detectar rápidamente esta estrategia. Es preferible conseguir enlaces de forma natural, y que los sitios en los que conseguimos enlaces no nos exijan poner un enlace recíproco, pero tener unos cuantos enlaces recíprocos en el perfil no supone un problema, especialmente si los sitios con los que intercambiamos enlaces tienen una temática relacionada.

Conclusión

La obtención de enlaces externos es una parte importante de la optimización del sitio web. En función de la competencia que haya en un sector determinado, los enlaces externos pueden convertirse en una parte esencial del *marketing online* o pueden ser una herramienta muy eficaz para el posicionamiento de términos de búsqueda altamente competitivos. La obtención de enlaces externos es un proceso a largo plazo que puede incluirse en todas las actividades del *marketing online* u *offline*. De hecho, uilizar nuestra red de contactos para obtener enlaces externos puede ser muy beneficioso. Si se tienen en mente estos presupuestos se podrá comenzar a obtener enlaces externos inmediatamente y esta se convertirá en una actividad cotidiana. No obstante, primero es necesario asegurarse de que todos nuestros esfuerzos son compatibles con las Directrices de Google.

Lista de verificación

Analizando la calidad de los enlaces:

- ¿Son relevantes para el tema de nuestra página?
- ¿Hay palabras clave en el *anchor text*?
- Los *anchor text* tienen variaciones en las palabras usadas? ¿Incluyen la marca en ocasiones?
- ¿Tiene autoridad el dominio en el que está el enlace?
- Los enlaces que compramos por tráfico o *branding*, ¿tienen la etiqueta *no follow*?
- Nuestros enlaces recíprocos, ¿se dan con otras webs de temática relacionada o similar?
- ¿Nuestros enlaces provienen de una diversidad aceptable de dominios?

Las técnicas para obtener enlaces externos

En el Capítulo 8 se abordó la importancia de los enlaces externos para el sitio web, en este capítulo nos centraremos en la explicación y aplicación práctica de las diferentes técnicas para obtener enlaces externos.

Hay algo que queremos precisar antes de continuar: los enlaces externos tienen una importancia especial para posicionar bien en todos los buscadores, pero particularmente en Google. Fue el primer buscador que supo utilizar una de las características más definitorias de Internet, los enlaces, para mejorar los resultados de búsqueda.

Sin embargo, la forma en que Google evalúa los enlaces es cambiante; así como introduce mejoras en otras áreas lo hace también en esta. Y algunos de estos cambios, especialmente los más recientes, afectan mucho a la concepción "clásica" sobre cómo conseguir enlaces para mejorar el posicionamiento. Estos cambios tienen mucho que ver con la lucha contra el spam y el convencimiento de los buscadores del poder de las redes sociales, es decir, de que las redes sociales pueden ser buenos aliados para ofrecer mejores resultados de búsqueda.

Un ejemplo muy claro de cómo Google intenta mejorar su evaluación de los enlaces y el peso que estos tienen en el posicionamiento de las páginas web es el cambio en el algoritmo conocido como Google Penguin. Google lo hizo efectivo en abril de 2012, y su principal objetivo es perjudicar el posicionamiento de sitios web que tratan de manipular los resultados de búsqueda mediante la sobreoptimización (uso abusivo de palabras clave) tanto en los textos de la página web como en los anchor text de los enlaces (internos y externos) que apuntan hacia estos sitios.

En el capítulo anterior decíamos que cuando se plantea una estrategia de búsqueda de enlaces externos hay que evitar 3 tentaciones:

- *Optar por la cantidad en vez de la calidad*
- *Usar continuamente el mismo anchor text*
- *Dirigirse solo a las páginas web en las que se puede obtener enlaces de manera sencilla y rápida*

Insistimos en que esto es ahora más importante que hace unos años, o incluso unos meses, porque los buscadores mejoran su detección de enlaces poco naturales, creados específicamente para posicionar.

En este capítulo aprenderás:

En este capítulo se abordarán las técnicas para obtener enlaces externos. Aprenderás cómo poner en práctica este conocimiento, lo que te permitirá comenzar inmediatamente el proceso de obtención de enlaces para el sitio web. También explicaremos cómo optimizar los enlaces ya existentes. Por último, explicaremos por qué no se debe comprar enlaces.

Clasificación de las técnicas

Vamos a analizar las distintas técnicas para obtener enlaces a partir de su clasificación en 4 grupos:

- Solicitud de enlaces
- Alta/Registros en sitios web
- Creación de contenido
- Difusión de contenido
- Análisis de los competidores

Solicitud de enlaces

Pedir un enlace es una buena técnica para conseguirlo. Sí, sabemos que parece obvio, pero en nuestro día a día observamos que es una técnica con frecuencia desaprovechada, o no aprovechada en todas sus posibilidades.

Cualquier organización se mueve en un ecosistema en el que interactúa con muchas otras entidades: servicios públicos donde está ubicada la sede, socios, proveedores, clientes, trabajadores, negocios relacionados o complementarios. A su vez, todos los miembros de una organización tienen su propio ecosistema, en el que la empresa es importante, pero también se incluyen otros contactos interesantes, por sus aficiones, intereses, etc.

Podemos obtener enlaces de nuestros clientes, proveedores, trabajadores de la organización que tengan sitios web o blogs; puede ser buena idea solicitar que enlacen si así lo desean. Es más, en muchos casos, tal enlace beneficiará a los usuarios de ambos sitios web por ser una actividad relacionada.

En esta utilización de los contactos profesionales también podemos incluir el patrocinio: los eventos patrocinados y las ferias comerciales son buenos recursos a la hora de establecer nuevos contactos de negocios. Todos estos contactos podrían enlazar nuestro sitio web.

Es conveniente que el enlace se consiga con un *anchor text* optimizado, pero tampoco hay que obsesionarse. Un enlace con *anchor text* optimizado es óptimo, pero un enlace con el nombre de nuestra marca es muy bueno, e incluso con un logo u otra imagen relacionada.

Alta/Registros en sitios web

Esta técnica consiste en solicitar el alta en directorios y sitios web sectoriales de calidad, por una parte; y, por otra, en hacer el registro de la empresa en todos aquellos sitios web sociales que tengan una mínima calidad.

Con respecto al alta en directorios, es una técnica muy popular, aunque hay expertos SEO que afirman que es una técnica desfasada que aporta poco o ningún valor. Estamos en desacuerdo, lo importante es la calidad de los enlaces: no se trata de llevar a cabo un alta automática en 3000 buscadores, sino de seleccionar manualmente el grupo de sitios web y directorios de nuestro sector de actividad que tienen listado de organizaciones.

Prácticamente en cada sector de actividad económica hay un grupo de directorios y sitios web de esa temática que aceptan el registro; vale mucho la pena solicitar el alta en ellos.

Al evaluar la conveniencia de solicitar el alta en un directorio, es más importante comprobar la calidad de su contenido que el PageRank de su dominio o páginas. ¿Da de alta nuevos sitios con frecuencia? ¿Ofrecen información valiosa las descripciones de los sitios web? ¿Los sitios web dados de alta están bien clasificados en categorías?

Algunos directorios permiten dar de alta un sitio web de forma gratuita sin contrapartida; otros solicitan un enlace recíproco: en principio estos no son recomendables, ya que el enlace recíproco vale menos que un enlace desde un dominio al que no enlazamos.

También hay muchos directorios que son de pago. En este caso recomendamos ser muy selectivos; compremos calidad: el directorio debe tener un contenido valioso, con descripciones de los sitios que excedan la medida habitual (no solo un párrafo) y debe ser contenido útil, descriptivo y único. En ese caso puede ser conveniente pagar para disponer de una página con enlace en ese directorio. Además, no hay que perder de vista que los enlaces no solo contribuyen a mejorar el posicionamiento, sino que pueden ser una fuente importante de tráfico, según dónde estén situados.

Y con respecto a los sitios sociales, conviene que demos de alta el perfil de la empresa en todos aquellos que tengan una importante masa de usuarios activos. Hay dos motivos para ello: el primero, que conseguiremos uno o más enlaces desde la página de nuestro perfil en cada uno de estos sitios. El segundo motivo es que, aunque no vayamos a tener presencia activa en todos esos sitios sociales, es importante asegurar la presencia oficial de nuestra organización en ellos.

Creación de contenido

Si creamos contenido de calidad, único, valioso, que solucione necesidades de los usuarios o despierte su interés, podemos difundirlo en todos nuestros canales y aumentamos la posibilidad de que se difunda en canales ajenos.

¿Qué temas o tipos de contenido podemos tratar? ¿Qué podemos contar? ¿Y cómo podemos hacer que nuestra narración merezca la pena ser enlazada?

Es posible crear contenido de calidad y enlazable a partir de cualquier actividad de una organización.

- Nuevos productos, nuevos servicios
- Ofertas, descuentos, promociones
- Asistencia a eventos, ferias, congresos...
- Acuerdos con socios
- Nuevos clientes
- Nuevos proyectos desarrollados para clientes
- Mejoras en infraestructura
- Incorporación de nuevos trabajadores
- Mejoras en recursos humanos
- Nueva web
- Y, por supuesto, conocimiento, *know how* (glosarios, tutoriales, páginas de ayuda, consejos avanzados, estudios del sector, compendios de noticias...)

Todas las organizaciones pueden crear contenido a partir de su actividad. Sin embargo, en muchas ocasiones no lo hacen. El motivo es que crear contenido es costoso, requiere tiempo valioso por parte de personas en la organización o pagar para que ese contenido se cree de forma externa. Aunque las organizaciones sean muy activas y quieran ser protagonistas en su sector, no es lo mismo hacer que explicar. Alguien debe narrar y difundir la actividad de la organización.

Las organizaciones deben ser conscientes de que deben dedicar recursos a ello, y conviene que sean personas preparadas, dedicadas a esta tarea. ¿Por qué? Porque toda la estrategia de creación de contenido debe estar orientada a potenciar la influencia y el protagonismo de la organización en su sector, y eso incluye por supuesto el conseguir más enlaces. Esa estrategia de creación de contenido enlazable debe ser desarrollada por profesionales especializados con conocimientos de SEO, o en el marco de una estrategia SEO.

Queremos insistir en la conveniencia de definir una estrategia de contenido que permita saber cuántas personas pueden dedicarse a crear contenidos con enlaces y cuánto tiempo le pueden dedicar, porque de otra forma a menudo las cuentas, canales y perfiles creados quedan abandonados, no se actualizan lo suficiente y la imagen de la organización se resiente.

También es importante para la gestión de recursos definir, en función de nuestro público objetivo, en qué canales no nos interesa estar, porque ellos no estén allí.

La forma que demos a este contenido y su adecuación a cada canal será esencial en el éxito que tengamos a la hora de conseguir enlaces.

Por ejemplo, tras asistir a un importante evento, una nota de prensa sobre ese evento puede proporcionarnos bastantes enlaces, pero también debe valorarse la posibilidad de retransmitir ese evento en directo (por ejemplo vía Twitter).

TECNOLOGÍA

En directo: Apple presenta su nuevo iPhone 4S

ABC.ES / MADRID

21.07	Con el 4S recién presentado, resulta curioso echar un vistazo a todas las especulaciones sobre el iPhone 5.
20.50	En resumen. El iPhone 4S es el más rápido y potente -siete veces más rápido que el modelo original- , tiene un asistente personal llamado Siri con reconocimiento personal, un nuevo software móvil, iOS 5, y una cámara de 8 megapíxeles. Vendrá en negro y en blanco.
20.48	Tim Cook se baja del escenario. El espectáculo ha terminado y Steve Jobs no ha aparecido, para desilusión de muchos.
20.42	El iPhone 4S será lanzado el 14 de octubre en EE.UU . y **el día 28 llegará a España**. Precios: 16, 32 y 64 GB a 199, 299 y 399 dólares.
20.30	**Siri** parece impactante. Sin dar a ningún botón ni utilizar ningún mando, responde a las preguntas de forma inmediata.
20.10	El iPhone 4S incorpora un nuevo sistema de reconocimiento de voz llamado **Siri**. Por fin se puede hablar, de verdad, con la tecnología. Puedes preguntarle qué tiempo va a hacer en una ciudad o dónde hay un restaurante griego... Responde a cuestiones sobre el tiempo, la bolsa, calendario... El reconocimiento de voz era un rumor que sí se ha confirmado.

Muchos sitios web tecnológicos, por ejemplo, utilizan esta técnica en eventos de presentación de producto de Apple para suscitar el interés de los curiosos y fans de la marca y obtener enlaces, ya que el contenido de la retransmisión queda publicado al finalizar el evento.

Sin embargo, para el caso de la mayor parte de organizaciones, simplemente creando contenido es poco probable conseguir un gran volumen de enlaces. Es importante que nosotros mismos demos difusión a ese contenido. ¿Cuáles son los principales canales de difusión de contenido en Internet de que dispone una organización hoy en día?

- Sitio web propio
- Blog propio
- Redes sociales: página de Facebook, Twitter, Pinterest, Flickr
- Vídeos: canal de Youtube
- Presentaciones PPT: Slideshare, Authorstream...

Es importante comprender que un mismo contenido puede ser adaptado a cada canal para ser publicado muchas veces y suponer un enlace o más desde cada una de estas plataformas. Por ejemplo, sobre un nuevo producto se puede crear:

- Una nota de prensa para el sitio
- Una entrada en el blog, con un tono más informal y fotos complementarias

- Una entrada en Facebook, varios *twitteos* en el mes en que el producto se lance, agrupar fotos en Pinterest, subir también las fotos a Flickr...
- Publicar el vídeo sobre el producto en nuestro canal de Youtube
- Hacer un PPT con la ficha técnica y los beneficios y subirlos a los canales de PPT

En todos estos contenidos, que no son duplicados puesto que tienen textos distintos y adaptados a cada canal, se puede incluir enlaces hacia el nuevo producto. Además, esta publicación propia de contenido aumenta las opciones de que nuestro nuevo producto sea descubierto por clientes potenciales, que a su vez pueden enlazar de manera natural hacia él.

Difusión de contenido

Hemos visto cómo una organización dispone de muchas formas para promocionar sus productos y publicar en Internet, por sus propios medios, informaciones en distintos formatos con enlaces en muchos dominios y plataformas para obtener beneficio. Pero aún quedan muchas posibilidades de sumar enlaces, consiguiéndolos en dominios y canales en los que no tenemos el control, que no pertenecen a la organización.

Notas de prensa

Además de publicar las notas de prensa en su propio sitio web, las organizaciones pueden difundirlas por Internet: existen sitios de buena calidad que son plataformas de publicación de notas de prensa.

Las hay de pago y gratuitas, de más o menos calidad y con más o menos tráfico, pero lo que más nos interesa desde el punto de vista de los enlaces es que algunos de ellos no aceptan enlaces en los textos de las notas de prensa, otros aceptan enlace sin *anchor text* y otros aceptan enlace con *anchor text*. Lógicamente los que más nos interesan son estos últimos, aunque los que aceptan enlace sin *anchor text* también pueden ser valiosos, especialmente si aportan tráfico.

En general, es correcto incluir entre 1 y 3 enlaces en una nota de prensa: poner más puede ser visto como *spam*. Por ejemplo, se puede incluir un enlace a la página de inicio y dos enlaces hacia las páginas web de productos o servicios relevantes.

Blogs

Los blogs han triunfado como herramienta para publicar en Internet porque son plataformas de publicación de contenido de muy fácil uso. Sin conocimientos técnicos resulta sencillo publicar. Por ello, son utilizados por personas y organizaciones para publicar contenido. Además de disponer de su propio blog, conviene que las organizaciones conozcan cuáles son los blogs de referencia en su sector, para así poder entrar en relación con los responsables de estos blogs.

Es muy importante entender que un blog no es un medio de comunicación tradicional ni una plataforma de notas de prensa: si enviamos una nota de prensa a un blog las probabilidades de que nos la publiquen son prácticamente nulas. Con los blogs se debe actuar de manera distinta.

Tras identificar los blogs de referencia, debemos seguirlos por un tiempo, entender su frecuencia de publicación y los tipos de contenidos que trata. Como habla de nuestro sector, es muy posible que tengamos opiniones sobre muchos de los artículos que publique. Podemos publicar nuestra opinión en los comentarios de los artículos. Esa es una primera oportunidad para conseguir enlaces, ya que en muchas ocasiones los comentarios en los blogs permiten incluir un enlace en la firma, a veces con *anchor text*, a veces sin él.

Una vez estemos familiarizados con el blog, podemos escribir directamente al responsable con alguna propuesta que pueda ser de interés. Veamos algunas posibilidades:

-   Enviarle un producto nuevo para que lo pueda evaluar. El responsable del blog es un experto en nuestro sector, es un líder de opinión para sus lectores, y nos interesa que haga una prueba de nuestro producto y publique los resultados. Es

muy probable que en su evaluación incluya un enlace.

- Proponerle escribir un artículo en su blog hablando de un aspecto concreto que dominamos y él todavía no ha cubierto en sus artículos. En ese artículo lógicamente enlazaremos a nuestro sitio web de la forma que acordemos con el bloguero.

- Si nuestro sitio ofrece algo que su blog no ofrece y que pueda ser de interés para sus usuarios, también podemos preguntarle por la posibilidad de incluir un enlace hacia nosotros en el menú o *blogroll*. Es cierto que en el capítulo anterior dijimos que un enlace en el *blogroll* es menos valioso que uno en la parte central del contenido, pero si la temática de la web está relacionada, son buenos enlaces aunque tengan menos peso.

- Informarle sobre una oferta o descuento para que pueda publicarlo. La única diferencia con los sitios de notas de prensa es que no debemos enviarle la nota de prensa, sino escribirle personalmente y comentarle que existe esta oferta, por si desea publicarla en su blog.

Como se puede advertir, este proceso de seguimiento de los blogs, de mantener una relación con el bloguero supone una inversión de tiempo. Y es necesario dedicar ese tiempo para conseguir una relación fluida y conseguir enlaces con una cierta regularidad. De otra forma, solo mediante el envío de la nota de prensa no obtendremos esos enlaces.

Redes sociales

Los buscadores siguen atentamente la evolución de las redes sociales, su gran impacto en cómo las personas utilizamos Internet. Y están especialmente interesados en indexar los contenidos que se generan en estas redes. Y también en tener en cuenta qué contenidos son considerados relevantes por los usuarios en cada red social.

Para el posicionamiento de un contenido concreto, cada vez tiene más importancia lo que se ha dado en llamar "señales sociales". De forma oficial, Google tiene en cuenta los +1 (votos positivos a piezas de contenido) de nuestros contactos en los resultados de búsqueda que nos enseña. Y aunque no hay confirmación oficial de Google sobre otras redes sociales, nuestra experiencia nos indica una influencia de los retweets de Twitter y los "like" de Facebook en el posicionamiento.

Por tanto, es importante tener una estrategia en redes sociales, que consista no solo en tener nuestro perfil en ellas y publicar contenidos, sino que debemos ser activos de otra forma, relacionándonos con los perfiles de quienes sean líderes e importantes en nuestro sector.

Como en el caso de los blogs, además de disponer de nuestro propio perfil en las redes sociales y publicando contenido, es importante que seamos activos en esa red social: debemos estar atentos a quiénes son las organizaciones y personas relevantes en nuestro sector con más autoridad: los que más publican, los que aportan más valor, los que más seguidores tienen, los que son mencionados en más ocasiones, y debemos tratar de intervenir en la conversación: podemos seguirles, comentar sus publicaciones, aportar nuestro punto de vista y, cuando sea posible, siempre que quede natural, podemos incluir enlaces: hacia nuestra propia página en el perfil social, hacia nuestro blog, incluso hacia nuestro producto o servicio cuando sea pertinente y aporte valor.

Una vez más, como en el caso de los blogs, esto requiere tiempo de forma continuada, pero es la mejor estrategia posible de *linkbuilding*, porque está directamente relacionada con los contenidos valiosos que se generan en nuestro sector: además de conseguir enlaces estamos haciendo *branding*, aprendiendo más cosas sobre nuestro sector y mejorando nuestro negocio.

Queremos que las personas y organizaciones más relevantes de nuestro sector nos conozcan y sepan nuestras opiniones. ¿Cómo nos van a enlazar en caso contrario?

Análisis de la competencia

En el capítulo 8 hemos visto las herramientas que podemos utilizar para descubrir y evaluar nuestro perfil de enlaces. Es necesario seguir su evolución para comprobar periódicamente si mejoramos en cantidad y calidad de los enlaces. Ahora bien, así como utilizamos estas herramientas para conocer nuestro perfil de enlaces, podemos aplicarlas a nuestros competidores.

Tiene toda la lógica desde el punto de vista del negocio: existen posibilidades claras de que aquellas páginas y sitios que enlacen a nuestros competidores y no nos enlacen a nosotros lo hagan, ya que están hablando de nuestro sector de actividad.

- Si nuestros competidores se han dado de alta en un directorio en el que todavía no aparecemos, podemos hacer la solicitud de alta.
- Si hablan de ellos y les enlazan desde un blog del sector que aún no nos ha mencionado en sus artículos, podemos empezar a seguir ese blog para descubrir la mejor oportunidad de enlace para nosotros.
- Tal vez nuestros competidores estén publicando notas de prensa en canales que aún no conocemos.

Disponer del perfil de enlaces de la competencia es un buen sistema para mejorar el nuestro.

Optimización de los enlaces existentes

Aunque nunca nos hayamos preocupado de obtener enlaces externos para nuestro sitio web, esto no significa que no tengamos enlaces, ya que la mayoría de los sitios que poseen información relevante atraen enlaces orgánicos. Un buen inicio para comprobar los enlaces entrantes de un sitio web consiste en acceder a la información de enlaces que proporcionan las Herramientas para Webmasters de Google. A partir de los resultados elaboraremos una lista en la que se recopilen los elementos siguientes:

- URL de los sitios web con el enlace
- Las páginas de destino de los enlaces

Después de haber recopilado esta información se pueden revisar uno por uno los sitios web, pero antes de hacerlo es mejor haber decidido qué términos de búsqueda se desea optimizar, ya que así se pueden incluir en los enlaces existentes. Entonces se puede entrar a cada una de las páginas para revisar y ajustar el *anchor text* y la página de destino (a la que refieren cada uno de los enlaces). También se recomienda enviarle un correo electrónico al *webmaster* para sugerirle que cambie el *anchor text,* en caso de que no se ajuste al deseado, como suele ocurrir.

Por regla general, el porcentaje de enlaces que tienen como *anchor text* el nombre de marca o el dominio en un sitio web es del 90%. A la hora de solicitar la modificación del *anchor text*, hay que tener en cuenta que el enlace y el *anchor text* deben estar relacionados con el contenido de la página web a la que enlazan.

En este punto queremos volver a hablar de Google Penguin, modificación algorítmica con la que Google se ha marcado como objetivo penalizar aquellos sitios que hacen un uso abusivo de las palabras clave en el *anchor text*. Es conveniente que más del 50% de los *anchor text* hacia tu sitio web sean con el nombre de tu marca, imagen, logo o texto poco significativo. Un 30% de los *anchor text* pueden contener las palabras principales para tu sitio, aquellas que te aportan mucho tráfico, conversiones, ventas. Las esenciales para tu negocio. Y nuestra experiencia nos indica que es importante disponer de un 20% de *anchor text* con palabras clave *long tail*. Son palabras que no son esenciales para tu negocio, pero que ayudan a definir temáticas de las páginas de tu sitio web y refuerzan el valor global del sitio.

Por ejemplo, si tu sitio web trata sobre los televisores LED, lógicamente puedes tener la tentación de intentar que el *anchor text* de tus enlaces sea "tv led", pero puede ser muy interesante tener *anchor text* con "soporte tv led", "que tv led comprar", "muebles para tv led" "diferencia entre tv led y lcd" o "distancia para ver tv led". Lógicamente deberás tener contenido de calidad que responda de forma adecuada a estas búsquedas que hacen los usuarios interesados. Y, si no lo tienes, documéntate y créalo.

¿Compra de enlaces? ¡Nunca!

La compra de enlaces para mejorar el posicionamiento web va contra las reglas de Google. Es lícito comprar enlaces para obtener tráfico, pero debemos asegurarnos de que son enlaces *no follow*, que no influyan en el posicionamiento de nuestras páginas.

Comprar enlaces es una estrategia que puede funcionar a corto plazo, pero suele provocar disgustos a largo plazo, bien porque terminado el acuerdo con los proveedores los enlaces desaparecen, bien porque Google lo descubre y aplica penalizaciones. Hace muchos años que Google detecta con facilidad las granjas de enlaces, redes de blogs y otros sitios web que se utilizan para crear contenidos de baja calidad e incluir enlaces en ellos hacia los suscriptores (quienes pagan por el servicio). En 2012 Google ha decidido modificar ligeramente su estrategia: además de restar el valor de estos enlaces, ha aumentado de manera muy significativa los mensajes que envía a los propietarios de sitios web en las Herramientas para Webmasters de Google avisando sobre prácticas *black hat* que ha detectado en los sitios, tanto relacionadas con compra de enlaces como de otro tipo.

Y, tal y como hemos mencionado en varias ocasiones anteriormente en el libro, desde abril de 2012 Google Penguin se encarga de perjudicar el posicionamiento de aquellos sitios web que tienen un perfil de enlaces poco natural, con un uso sistemático de palabras clave para posicionar en los *anchor text* de los enlaces que apuntan hacia ellos.

Conclusión

Es muy importante ser consciente de la importancia de los enlaces para los buscadores. Las técnicas que hemos descrito en este capítulo están íntimamente ligadas al buen desarrollo de cualquier negocio, fundamentalmente intentan traducir en enlaces la actividad y la relevancia de nuestro negocio dentro de su sector.

Si utilizas las técnicas que hemos descrito en este capítulo verás mejorar tu perfil de enlaces de forma progresiva, lenta pero continuada: conseguirás enlaces que perdurarán en el tiempo y que siempre aportarán valor al posicionamiento de tus páginas.

Lista de verificación

A la hora de buscar enlaces:

- Solicitar enlaces en nuestro entorno: clientes, proveedores, distribuidores, trabajadores, ferias, eventos, contactos profesionales...
- Dar de alta en directorios y sitios sociales de calidad.
- Crear contenido y darle difusión en todos nuestros canales, en formato adaptado a esos canales.
- Crear y publicar notas de prensa con enlaces.
- Mantener una relación fluida con blogueros y otras personas influyentes de nuestro sector, allí donde publican: blogs, Twitter, Facebook, Google Plus...

- Buscar los enlaces que tienen nuestros competidores y tratar de conseguir enlaces en esas páginas también.

- Buscar aquellos sitios que nos mencionan pero no nos enlazan y contactar con ellos para solicitarles que lo hagan.

La analítica web

Aunque hayamos atraído un buen volumen de tráfico al sitio web, esto no significa que nos podamos dormir en los laureles: la época en la que el marketing online se limitaba a atraer tráfico se terminó hace años. En la actualidad es necesario saber qué términos de búsqueda utilizaron los usuarios para entrar al sitio web, a través de qué páginas accedieron, qué hacen mientras están en el sitio, el porcentaje de usuarios que añaden productos al carrito, cuántos de ellos lo abandonan... para seguir optimizando el sitio web y mejorando la tasa de conversión. El análisis de cómo llegó el tráfico al sitio web y del comportamiento de los usuarios dentro de este se denomina analítica web.

En resumen, hay que considerar las palabras clave por las que llegan los usuarios a la web como necesidades del mercado, y mediante la analítica web podremos ver si estamos dando una solución a estas necesidades.

En este capítulo aprenderás

- Qué es la analítica web
- Cómo aprovechar al máximo la analítica web

- Algunos ejemplos de los KPI (*Key Performance Indicators - Indicadores Clave de Rendimiento*) para SEO
- Cómo implementar Google Analytics
- Algunos informes útiles sobre Google Analytics para SEO

¿Qué es la analítica web?

Una tienda donde entran y salen muchas personas durante todo el día pero no compran nada no es precisamente un éxito comercial. Por muy extraño que pueda parecer, esto suele ocurrir en muchos sitios web. Existe una creencia muy difundida: ¡Si atraigo muchos visitantes, el dinero llegará! Desafortunadamente, esta regla no se cumple ya que cada visitante no es un cliente potencial. Por esta razón es esencial medir la eficacia de la campaña de nuestras acciones de captación de tráfico hacia la web, analizarlas y optimizarlas. ¿Qué tipos de búsquedas atraen mayor volumen de tráfico? ¿Están alineadas las páginas de destino con los términos de búsqueda? La analítica web responde a estas y muchas más preguntas.

La analítica web es un proceso dirigido a medir, analizar y mejorar la experiencia del usuario en el sitio web, así como los canales que se han usado para atraer al visitante, con el objetivo de convertir la mayor cantidad de visitantes posibles en clientes satisfechos.

Medir la experiencia del usuario es el primer paso en la analítica web pero antes es imprescindible recopilar los datos apropiados,

como por ejemplo: cómo han encontrado el sitio web los visitantes, cuáles son las páginas más visitadas y qué hacen los usuarios dentro del sitio. Estos datos servirán para analizar cuál es el rendimiento del sitio web y a la vez ofrecerán una idea sobre la demanda de los productos y servicios que se ofrecen en el mismo.

Una buena implementación de la herramienta de analítica web será clave para poder estar seguro de que los datos que nos reporta la herramienta son los correctos, muchas empresas no pueden tomar decisiones estratégicas o las toman de forma equivocada por tener una mala implementación de la herramienta y analizar datos incorrectos.

Si disponemos de una implementación avanzada de la herramienta, podremos dar respuesta a preguntas más complejas, como qué tipo de categorías de productos atraen más tráfico, pero tienen una tasa de abandono del proceso de compra más alto.

El segundo paso sería, una vez que se han recogido los datos, comenzar a analizarlos. Entonces se descompondrán en partes más pequeñas, ya que este proceso de fraccionamiento facilita su comprensión y aumenta la fiabilidad. Por ejemplo, el comportamiento de los usuarios que llegan a través de canales distintos puede ser diferente, lo que significa que los promedios obtenidos pueden distorsionar la verdad.

Por esta razón, muchas herramientas de análisis ofrecen la posibilidad de segmentar los datos aplicando filtros que muestran los

informes de un grupo específico. Así, es posible aplicar un filtro para separar los visitantes que llegan desde las búsquedas orgánicas y los que llegan directamente de Adwords. El objetivo de este análisis es descubrir qué funciona bien y qué no, con idea de llegar a conclusiones que mejoren el rendimiento del sitio web. ¿Cuáles son los términos de búsqueda que generan conversiones? ¿Cuál es el rendimiento de las páginas de destino ya optimizadas? ¿Están logrando el objetivo para el que se crearon?

Este tipo de análisis multicanal nos permitirá ver a nivel global y a nivel de fuente de tráfico qué temas despiertan mayor interés y nos permitirán definir prioridades a nivel de estrategia SEO.

El tercer paso es mejorar el sitio web y optimizar los canales que se utilizan para atraer visitantes. En esta fase se actúa en función de los resultados de las dos etapas precedentes. Un ejemplo sencillo sería encontrar los términos de búsqueda que tienen un mejor rendimiento y optimizar el sitio web en función de los mismos. Una vez que se han implementado estos cambios, el proceso debe comenzar nuevamente desde el principio.

¿Cómo aprovechar al máximo la analítica web?

En 2005 Google adquirió la compañía de analítica web: "Urchin". A partir de esta adquisición, el producto resultante revolucionó el mundo de la analítica web, que hasta entonces no contaba con una herramienta gratuita que ofreciera tantos datos. Google Analytics ofreció un estándar decente, era sencillo de usar y era gratis. En consecuencia, la popularidad de la analítica web y el número de usuarios creció enormemente. ¡La analítica web se convirtió en una herramienta sencilla al alcance de la mano! Nosotros reconocemos el valor de la analítica web, pero hay que decir que muchos propietarios de sitios web todavía no explotan todas las posibilidades de estas herramientas en beneficio de sus negocios.

El problema principal de la analítica web es que proporciona muchos informes estandarizados y cifras que a menudo no tienen ninguna relevancia para un negocio. ¡Es muy fácil perderse entre una montaña de datos! Incluso los norteamericanos se han inventado un término para denominarlo, el "report surfing", navegar por los informes. Obviamente, será muy difícil encontrar algo útil si no se tiene idea de lo que se está buscando. Por esta razón, antes de empezar a revisar los datos que nos arrojan estas herramientas, hay que determinar qué datos queremos encontrar y en qué nos pueden ayudar a comprender lo que está sucediendo en nuestra página web.

En este sentido, hay que aclarar que la analítica web por sí sola no sabe qué datos necesitamos, sino que es una decisión que debemos tomar nosotros mismos.

Entonces, ¿qué datos son fundamentales a la hora de analizar nuestra campaña de marketing *online*? Para determinarlo, en primer lugar se deberán definir por escrito los objetivos generales y los

objetivos específicos del proyecto. En una situación ideal, nuestros objetivos se basan en la estrategia de marketing (*online*). No obstante, como no todas las empresas tienen este tipo de estrategia, deberán decidir cuáles son los factores que determinarán el éxito del sitio web. En este caso los objetivos específicos se convierten en tareas que los usuarios deberían completar dentro del sitio web para llegar al objetivo general (por ejemplo, en actividades como una compra, rellenar un formulario o generar diferentes oportunidades mediante la descarga de un catálogo, visualización de catálogo de fotos, etc...).

Si no hay objetivos, el marketing *online* se convierte simplemente en un entretenimiento. Aunque en analítica web, el volumen de tráfico es uno de los indicadores más importantes de éxito y, mientras la tendencia sea al alza, el jefe estará contento, sin los objetivos será imposible determinar si tenemos éxito o no. Se puede enviar tráfico al sitio web y comprobar qué ocurre y también se puede imprimir un informe semanal y analizarlo, pero el objetivo fundamental siempre se centrará en incidir sobre los resultados actuales.

Entonces, ¿cómo se pueden obtener resultados a partir de la analítica web?¿Cómo se pueden transformar los datos en acciones? Los instrumentos de analítica web proporcionan una gran cantidad de cifras. Algunas corresponden simplemente a números mientras otras son cálculos o porcentajes. Por regla general, los objetivos se encuentran dentro de esos números absolutos, por ejemplo: las ventas y las conversiones. Los cálculos y los porcentajes son solo combinaciones y formas de presentar las cifras absolutas, como es el caso del nivel de conversión.

Solo algunas de las cifras tendrán una relación directa con los objetivos y comunicarán información relevante sobre el rendimiento del sitio web. Estas cifras son los Indicadores Clave de Rendimiento (*Key Performance Indicators*-KPI).

Algunas herramientas ofrecen de manera estándar los KPI pero otras veces deberemos añadirlos o calcularlos nosotros mismos. Estos indicadores siempre ejercen un impacto sobre los objetivos y permiten hacer un seguimiento de la evolución. Es posible incidir en los KPI con procedimientos como SEO y eso significa que el seguimiento y el análisis son extremadamente importantes. Estos indicadores servirán, por ejemplo, para saber si la optimización para buscadores está siendo de ayuda para lograr los objetivos. Por esta razón, el proceso de determinar los objetivos y traducirlos en KPI es muy importante. La lógica que se sigue indica que: la analítica web permite medir los KPI, los KPI miden el progreso y si no se puede medir el progreso, no se podrá optimizar.

Sin embargo, determinar los KPI no es todo. Como hemos mencionado con anterioridad, los promedios tienden a ocultar la verdad por eso la mayoría de las herramientas de analítica web ofrecen la posibilidad de segmentar, es decir, aplicar filtros (filtrar

por tipos de visitantes y canales *online*). Por ejemplo, si se está optimizando la búsqueda orgánica, para determinadas páginas web no tendrá ningún sentido utilizar los datos que incluyen palabras clave de la marca, ya que el promedio que se obtiene a partir de estos tres canales nos dará un cuadro equivocado. Por eso se deberán separar los datos por grupos, por ejemplo, por genéricos, usos, beneficios, marca, tipo de página de destino... a nivel de término de búsqueda o página de destino.

Esto significa que la analítica web no solo se centra en medir el número de usuarios, sino en crear valor a través de la medición y la optimización de los KPI. El análisis y la optimización son los pasos finales de una campaña de marketing *online,* pero si lo que queremos es tener éxito primero es necesario determinar los objetivos y a continuación determinar los KPI para sentar las bases del trabajo posterior.

¿Qué son los KPI para SEO?

Cuando se hace referencia a los KPI específicos para SEO se nos vienen a la cabeza datos como: el promedio de tiempo pasado en el sitio web, el número de términos de búsqueda por página, el porcentaje de rebote, las páginas por visita... Sin embargo, estos números están centrados en el contenido y son de poca utilidad para optimizar los resultados del negocio.

Los KPI se deben basar en los objetivos y no en el canal. Es necesario determinar los objetivos y encontrar las cifras en la herramienta de analítica web a partir de los cuales se puede medir el progreso e influir en el mismo. Es posible determinar los KPI para un canal individual y optimizar este canal, pero esto difícilmente ayudará a lograr los objetivos generales de negocio. Además, se perderá la posibilidad de comparar los canales por lo que no estaremos en condiciones de decidir qué canal es más eficaz para lograr ciertos objetivos.

Para concretar toda esta información hemos realizado una lista que contiene los KPI y métricas estándares para tres modelos de negocio diferentes pero muy comunes.

Modelo de negocio	Objetivo	KPI
Comercio Electrónico	Aumentar la facturación/número de productos vendidos por visita	Tasa de conversión Retorno de Inversión en Marketing Valor promedio por visita Porcentaje de disminución del embudo de ventas Visitas con palabra clave de marca Visitas con palabra clave de marca de tipo producto Visitas con palabra clave de uso o beneficio Visitas con palabra clave orientada a compra
Generación de leads	Aumentar la Descarga de documentos	Tasa de conversión de las oportunidades Tasa de conversión de los contactos por correo electrónico Tasa de conversión de las descarga de pdf Porcentaje de visitantes nuevos *vs.* los antiguos Porcentaje de usuarios nuevos que añaden producto al carrito de compra Infoducto: visitas desde página de destino informativa acaban visitando página de producto
Editor	Vender un espacio publicitario y aumentar las subscripciones	Páginas vistas por visita (Venta de un anuncio publicitario CPM) Clic en los anuncios (Venta de anuncio publicitario CPC) Porcentaje de visitantes nuevos *vs.* los antiguos Nivel de conversión de los registros *online* Visitas que repiten antes de 5 días Visitas de usuarios que no son nuevos que visitan una sola página Visitas nuevas que hacen más de 3 páginas vistas

Obviamente, estos KPI se deberán segmentar para cada canal lo que significa que se obtendrán informes separados para SEO, Adwords, *email marketing*, etc.

Google Analytics

A continuación analizaremos algunos ejemplos de analítica web y SEO para fijar unas líneas de acción básicas. Hemos elegido Google Analytics porque es gratis, fácil de instalar y ofrece gran cantidad de información valiosa. Por la temática del libro nos centraremos en las posibilidades que ofrece Google Analytics para mejorar el posicionamiento en buscadores. Quienes estén interesados en profundizar en Google Analytics podrán leer el libro *Advanced Web Metrics with Google Analytics* de Brian Clifton.

La implementación del código

Además del código por defecto que nos propone Google Analytics, debemos personalizarlo en función del tipo de web y de las necesidades de medición que se hayan definido previamente. No será lo mismo el marcaje que se implemente para un blog que para una página de *e-commerce*, así como para una tienda multimarca o monomarca. Además, si la web tiene una buena implementación de SEO técnico y una buena estructura, la personalización del código será mucho menor que si la web está basada en URL's con variables o está desestructurada a nivel de URL's.

Entre las posibilidades de personalización destacamos desde el código de seguimiento de *e-commerce*, la configuración y marcaje de un buscador interno, visualización de las páginas de error y por qué se producen los errores.

Una vez implementado el código, es conveniente hacer una auditoría de la implementación, se pude revisar la implementación mediante plugins como WASP para Firefox, revisando la lista de fuentes de tráfico de la web y mediante otro tipo de herramientas (Sitescan, etc).

Se recomienda la creación de diferentes perfiles dentro de la cuenta de Google Analytics para poder tener una visión diferente de la actividad en la web, sobre todo teniendo en cuenta el sistema de recogida de datos y el muestreo que utiliza al segmentar los datos mediante los segmentos avanzados.

Algunos perfiles básicos pueden ser:
- Tráfico total
- Tráfico orgánico de marca
- Tráfico orgánico sin marca

Otros perfiles que pueden resultar interesantes, si la web está orientada a varios mercados, es tener un perfil por país, o continente. En el caso de tiendas online puede ser interesante también un perfil que únicamente muestre los *addtocarts*, con el objetivo de poder medir que tipo de palabra clave genera el *addtocart*, teniendo en cuenta que muchas veces la compra (el último clic) se confirma en una siguiente visita minutos más tarde o días más tarde.

Definición de los objetivos

Este es el apartado más importante en la implementación de la herramienta de analítica web, además de configurarlos, muchas veces habrá que hacer una personalización del código para poder medirlos, esta personalización vendrá dada por el tipo de conversión y por cómo está programada la página web.

Es en esta fase donde la auditoría cobra mayor importancia, si no tenemos bien implementados los objetivos estaremos tomando decisiones equivocadas.

Siempre que sea posible, se recomienda definir un embudo (*funnel* en inglés) lo más largo posible en la definición de objetivos, de forma que podamos medir no solo las conversiones, sino que también se pueda tener en cuenta el porcentaje de usuarios que iniciaron el proceso de conversión y poder ver en qué punto los usuarios abandonan el camino hasta cumplir el objetivo que tenemos fijado.

Google Analytics no permite segmentar datos del embudo de conversión en función de palabras clave o de fuentes de tráfico, pero mediante el uso avanzado de la herramienta de analítica web o mediante la A.P.I. podremos desarrollar mecanismos para poder realizar esta segmentación.

No tendrán el mismo impacto en las posibilidades de venta diferentes tipos de palabras clave (marca, producto, beneficio), y es ahí donde empiezan a aparecer respuestas a preguntas que no podemos contestar a partir de ver resultados sin haber segmentado el tráfico.

Algunos informes útiles para SEO

Valorar los términos de búsqueda actuales

Buscar los términos de búsqueda por los que se encuentra el sitio web

Informe: Fuentes de tráfico

Sección: Términos de búsqueda

Sub-sección: Términos de búsqueda orgánicos

Este informe mostrará todos los términos de búsqueda que han atraído usuarios al sitio web como resultado de las búsquedas orgánicas. Al seleccionar las pestañas *Goal conversion* (en español, Conversión de objetivos) o *E-commerce* (Comercio electrónico) se podrá apreciar el rendimiento de los términos de búsqueda *vs.* los KPI. También se puede ver el nivel de conversión, el valor promedio de pedidos y el valor por visita. Incluso se podrá observar la popularidad de la marca. La pestaña *Site usage* (en español, Uso del sitio web) muestra diferentes KPI, como el porcentaje de visitantes nuevos y el número de páginas por usuario.

Encontrar nuevos términos de búsqueda

Seleccionar los términos de búsqueda utilizados en el buscador interno de la web

Informe: Contenido

Sección: Buscador interno

Sub-sección: Términos de búsqueda

Este informe incluye todas las búsquedas que los usuarios han realizado en el sitio web. Además, es posible valorar los términos de búsqucda basándose en los KPI comparando estas palabras clave entre ellas respecto a los objetivos de la web.

La importancia de este informe a nivel SEO es que nos da mucha información a nivel de palabras clave, ya que podremos ver cómo llaman los usuarios a nuestros productos o servicios.

Seleccionar los términos de búsqueda desde los resultados patrocinados

Informe: Fuentes de tráfico

Sección: Términos de búsqueda

Sub-sección: Términos de búsqueda patrocinados

Si se hace una campaña publicitaria en buscadores, también será posible encontrar términos de búsqueda que valga la pena optimizar en las campañas. Una vez más, se deberán analizar los téminos de búsqueda que tienen un buen rendimiento en relación con los KPI. Si estos están en dos campañas, se deberían comparar y encontrar qué

causa las diferencias. ¿Ambas campañas envian tráfico a la misma página de destino?

Este informe nos tiene que ayudar a tener una estrategia SEO-SEM, para ello hay que tener en cuenta las diferentes tasas de conversión, las páginas de destino, así como vigilar que las campañas de CPC no estén pujando por palabras clave por las que no hay competencia ni a nivel SM ni SEO.

Valorar las páginas de destino

La página más importante desde la que un visitante entra al sitio web

Informe: Contenido

Sección: Páginas de destino más importantes

Aquí se puede ver a través de qué página entraron al sitio web la mayoría de los usuarios y, haciendo clic en una página específica, se obtendrán los términos de búsqueda por los que se encontró la página.

Esta información es interesante porque nos puede ayudar a ver que determinadas palabras clave para determinada página de destino no resuelven el problema al que queremos dar respuestas en nuestra web.

Conclusión

La herramienta de analítica web no generará retorno de la inversión, si no se implementan los cambios propuestos a partir del análisis de los datos o se prueban diferentes opciones para mejorar a través de técnicas de *web testing*.

Actualmente este punto es el talón de Aquiles de la mayoría de empresas. Estas herramientas no se deben utilizar para reportar datos sino para poder extraer conclusiones, implementar cambios y volver a medir para ver si han funcionado de la forma correcta.

La implementación es la base de la mejora, muchas empresas gastan grandes cantidades de dinero en atraer usuarios hacia su web pero una vez dentro, estas visitas no se materializan en resultados o la evolución de los resultados está por debajo de las posibilidades de la web o de la media del mercado.

Mejorando pequeños procesos de la web se pueden obtener mejoras increíbles en el ROI de la misma y de todos los procesos de captación de tráfico, incluido el coste SEO.

Lista de verificación

- Determinar los objetivos
    - Pensar sobre los factores que podrían aumentar el éxito de nuestro sitio web
    - Determinar los objetivos: objetivo final de la web y objetivos específicos
    - Seleccionar los KPI y las métricas basándose en los objetivos
- Analizar el rendimiento
    - Dar seguimiento a las tendencias en las métricas y KPI's
    - Buscar las causas de los cambios en las tendencias
- Implementar las mejorías
    - Implementación de las hipótesis recogidas

¿Cómo seleccionar un socio SEO?

Posiblemente hayas leído el libro, te hayas dado cuenta de la importancia del SEO, pero aun así no tienes idea de por dónde comenzar. O quizás sabes exactamente qué quieres hacer pero no dispones del tiempo suficiente para emprender el proyecto o de recursos humanos que se puedan encargar del mismo. En casos como este se puede buscar un socio que haga el trabajo de SEO. Este libro te debe haber proporcionado un conocimiento suficiente como para ser capaz de seleccionar un socio que te ofrezca garantías, algo extremadamente importante, ya que como en cualquier sector, en este campo existen vendedores de humo que prometen resultados espectaculares a precios irrisorios y en el mejor de los casos el sitio web se queda como está, en el peor, como hemos visto, ciertas prácticas pueden conllevar la eliminación del índice.

En este capítulo aprenderás:

Este capítulo te ayudará a diferenciar las buenas agencias SEO de las malas. ¿Qué factores son importantes para seleccionar una agencia? ¿Qué dice Google al respecto? También analizaremos las diferencias entre un sitio web optimizado para buscadores y un sitio web que los motores de búsqueda pueden indexar.

¿Quiénes ofrecen optimización para buscadores?

La demanda de optimización para buscadores continúa creciendo, lo que significa que cada vez son más las empresas o autónomos que ofrecen este servicio. De hecho, las empresas que durante años se habían dedicado exclusivamente a construir sitios web dedican ahora parte de sus esfuerzos al posicionamiento.

También existe un gran número de empresas especializadas en marketing *online*. Generalmente estas empresas no crean los sitios web sino que hacen una consultoría que luego el cliente implementa. Como en todos los sectores, cada empresa tiene sus particularidades y forma de hacer las cosas, en este capítulo nos proponemos enseñarte a seleccionar el socio que mejor se adapte a tus necesidades u objetivos de negocio.

El SEO debe integrarse en la estrategia de marketing *online*

Si estás pensando en hacer SEO para tu web, es importante que entiendas que no se trata únicamente de lograr que tu sitio web sea indexable. Este es un paso muy importante, se trata de un trabajo fundamental para permitir la indexación por parte de los buscadores, es decir, que el buscador llegue al sitio web y que escanee todo el contenido, pero **para optimizar el sitio web hay que diseñar una estrategia *online*,** analizar la competencia, posibilidades de éxito, recursos de la empresa, definir los objetivos, determinar los términos de búsqueda que se quieren posicionar e incorporarlos dentro de la estructura del sitio, buscar enlaces entrantes, y un largo etcétera que hemos ido desgranando en este libro.

Desconfía de una empresa SEO que únicamente habla de palabras clave y comprobación de posicionamiento en las páginas de Google, de resultados a corto plazo. El posicionamiento en buscadores no consiste en hablar únicamente de palabras clave, hay que desarrollar una estrategia y, por supuesto, una planificación, ya que SEO no es una tarea que se haga de forma puntual, sino continua.

¿Desarrollador web o agencia SEO?

Durante muchos años para obtener una buena consultoría SEO era necesario recurrir a una agencia SEO, porque las empresas de desarrollo web no estaban familiarizadas con esta disciplina. Esto ha cambiado; son muchas las empresas de desarrollo web que disponen de nociones SEO lo suficientemente desarrolladas como para ofrecer un servicio eficaz, especialmente en el caso de sitios web pequeños.

Sin embargo, en el caso de proyectos de envergadura y en sectores muy competitivos, contratar a una agencia SEO puede ser una necesidad, ya que las agencias SEO disponen en general de información más actualizada y completa sobre las novedades que se producen en una disciplina tan cambiante como el SEO y porque pueden programar y aplicar estrategias de gran calado en sitios web con gran volumen de tráfico minimizando riesgos, debido a su experiencia.

En el caso de optar por una agencia SEO, esta tiene que trabajar con el desarrollador web (interno o externo), con el departamento de marketing y con el de comunicación para poder crear una estrategia de captación de tráfico gratuito de calidad. En este sentido será muy importante la proximidad entre el consultor y el desarrollador, las posibilidades de comunicación entre ambos y la capacidad de la agencia SEO de proponer cambios y del desarrollador para implementarlos.

Tanto si tu sitio web es pequeño como si tiene muchas páginas y un volumen de tráfico importante, nuestra recomendación es que inviertas en SEO. Con una buena estrategia SEO, los resultados perduran en el tiempo, a diferencia de acciones de marketing *online*, de resultados potentes pero efímeros.

Si estás dentro de un sector muy competitivo (como el de los viajes o los seguros) deberás invertir mucho más para poder obtener resultados. Además, debes considerar que aunque una agencia especializada puede resultar más cara, son los resultados los que cuentan por lo que se debe analizar la cuestión desde el punto de vista del retorno de la inversión. Un desarrollador web puede resultar más barato, pero también los resultados pueden ser limitados; una agencia de SEO es más costosa pero no se trata de cuánto se desembolsa sino de cuánto se puede ganar o se deja de ganar.

Por esta razón, antes de elegir un socio SEO nos debemos plantear las siguientes preguntas:

- ¿Cuán importante es la optimización para buscadores en mi sitio web?
- ¿Cuál es el Retorno de la Inversión estimado según los diferentes tipos de socios?
- ¿Cuán competitivo es mi sector?
- ¿Realizan los usuarios la compra en la primera visita o tienen que volver a encontrarme para comprar mi producto?
- ¿Da esta agencia transparencia en aspectos que pueden ser conflictivos como el *linkbuilding*?
- ¿Está dispuesto a desplazarse para dar soporte a tu equipo de desarrollo?

Estas preguntas ayudarán a determinar el nivel de calidad que se espera de un socio SEO. Por cierto, estamos totalmente de acuerdo con la opinión que Google menciona en sus directrices[20]:

Si estás considerando la posibilidad de contratar a un SEO, cuanto antes lo hagas, mejor. Un buen momento para contratar estos servicios es cuando vayas a cambiar el diseño de tu sitio o cuando vayas a publicar un sitio nuevo. De esta forma, podrás asegurarte de que el sitio se ha diseñado conforme a los requisitos del motor de

---

20

http://support.google.com/webmasters/bin/answer.py?hl=es&answer=35291

búsqueda. No obstante, un buen SEO también puede ayudar a mejorar un sitio existente.

¿Cómo seleccionar un socio SEO?

En las mismas directrices que hemos mencionado anteriormente, Google plantea varias preguntas valiosas que deberíamos realizarle al socio potencial. Estas son:

- ¿Puedes mostrarme ejemplos de tu trabajo y conocer la experiencia de tus clientes?
- ¿Sigues las directrices para *webmasters* de Google?
- ¿Ofreces algún servicio de marketing online o asesoramiento para complementar el negocio de búsquedas orgánicas?
- ¿Qué tipo de resultados esperas obtener y en qué plazo de tiempo? ¿Cómo se mide el correcto funcionamiento del sitio?
- ¿Qué experiencia tienes en el sector en que opera mi empresa?
- ¿Qué experiencia tienes en el país y ciudad en que opera mi empresa?
- ¿Qué experiencia tienes en el desarrollo de sitios internacionales?
- ¿Cuáles son las técnicas de optimización más importantes que utilizas?
- ¿Cuánto tiempo hace que te dedicas a este negocio?

- ¿De qué manera nos comunicaríamos? ¿Me informarías de todos los cambios realizados en mi sitio y ofrecerías información detallada sobre recomendaciones y los motivos de estas?

También hay otros aspectos sobre los que debemos estar prevenidos, véase las técnicas de marketing agresivas que siguen algunos de los especialistas del sector, por ejemplo, correos electrónicos donde se afirma: *"He visitado su sitio web y he visto que no está listado en los buscadores"*. Esto no tiene sentido ya que cada sitio web que tiene al menos un enlace en otro sitio y estará indexado en todos los buscadores. También existen empresas que ofrecen la garantía de la posición número 1 en los buscadores, este tipo de afirmaciones deben levantar la señal de alarma por varias razones:

- Nadie puede garantizar la posición número 1 para un término de búsqueda muy competitivo.
- Cualquiera puede alcanzar la posición número 1 para los términos de búsqueda no competitivos.
- Las posiciones no significan mucho: todo gira alrededor del número de conversiones o ventas que se alcanza a partir de un tráfico relevante.

También debemos estar atentos ya que algunas empresas proclaman que tienen el '*software* más avanzado' que les permite incluir el sitio web en 'miles de buscadores'. La verdad es que no se tiene que incluir

la página en ningún buscador, sino que se debe hacer aparecer la web en los buscadores dando respuesta a las búsquedas que hacen los usuarios, si entendemos estas como necesidades del mercado.

Por último, hay que advertir sobre las empresas que obtienen los enlaces externos de forma agresiva. Suelen anunciar: *"tenemos una gran red que nos permite obtener un gran número de enlaces para tu sitio web"*. Estas redes o granjas de enlaces están penalizadas por Google, de manera que si entramos a participar corremos el riesgo de que nos penalicen, lo que conllevará pérdida de posicionamiento en los resultados de búsqueda.

Con la implementación de Google Penguin en abril de 2012, un importante cambio en el algoritmo que penaliza, entre otras cosas, a los sitios web "con patrones de enlace inusuales", sitios web que intentan manipular los resultados de búsqueda.

Muchas agencias SEO han trabajado en contra de las directrices de Google en el pasado, pero en los últimos años la mayoría se ha familiarizado con ellas y las cumple a rajatabla en pos de mantener buenas relaciones con el buscador.

Toda la información necesaria para elegir un socio potencial se puede obtener a través de una solicitud de información y una propuesta. Vamos a detallar estos temas.

La solicitud de información

El próximo paso en el proceso de encontrar un socio adecuado es pedir información sobre la empresa y sus prácticas.

Existen cientos de socios posibles, entonces, ¿cómo escoger uno? Primero recomendamos echar un vistazo a nuestra propia red de contactos: ¿hay alguien que ofrezca servicios SEO? ¿Conoce nuestro desarrollador web una empresa que se ajuste a nuestras necesidades? ¿Algún proveedor o socio ya ha hecho un proyecto SEO de envergadura similar a la de nuestra empresa y nos puede recomendar a alguien? En caso afirmativo les podemos preguntar cómo transcurrió el proyecto, si aparecieron costos imprevistos, si la relación se desarrolló de forma positiva, si los resultados de venta fueron satisfactorios, etc.

Una vez se tenga una lista de socios potenciales, se necesita recopilar la mayor cantidad de información posible sobre estas empresas. Normalmente esto se realiza a través de una Solicitud de información donde se les pide un documento en el que deben responder a algunas de estas preguntas:

- ¿Qué tamaño tiene la empresa?
- ¿Qué servicios ofrece?
- ¿Tiene experiencia internacional?
- ¿Con cuántos idiomas puede trabajar?
- ¿Cómo enfrenta el proceso de evaluación?

- ¿Puede mencionar alguno de sus clientes o proyectos?
- ¿Cuáles son sus puntos fuertes principales?
- ¿Pertenece a alguna asociación del sector?
- ¿Tiene alguna acreditación de herramientas de analítica web?

En la Solicitud de información no es necesario incluir qué se espera exactamente del socio SEO, ya que el objetivo de este documento es obtener datos generales. Cuando se esté listo para comenzar, se les puede pedir un presupuesto inicial y un tiempo de entrega aproximado para el proyecto. El beneficio de la solicitud de información es que se pueden obtener datos de muchas empresas de forma uniforme y esto ayudará en el proceso de decisión.

Los reguladores del sector y los sellos de aprobación

En el ámbito SEO, en la actualidad no existe ningún certificado SEO específico válido, la única aprobación son los resultados y la experiencia. Esto no quiere decir que una empresa que obtiene certificados y acreditaciones no nos pueda dar una idea de la profesionalidad de la misma. Las empresas SEO pueden obtener diferentes sellos de aprobación y acreditaciones que demuestran su calidad. En el caso de Google, se realizan exámenes que otorgan un certificado de adecuación como por ejemplo, en Google Adwords o Google Analytics. Para pasar con éxito estos exámenes se debe tener un gran conocimiento y experiencia práctica de las herramientas. Este puede ser un criterio a la hora de seleccionar un socio, aunque hay que tener en cuenta que algunas empresas pequeñas no pueden permitirse mantener estas acreditaciones (en este caso la de Google Analytics), sin que ello signifique que la empresa no tiene los conocimientos necesarios para desarrollar un proyecto de calidad.

Además de Google, también existe el Interactive Advertising Bureau (IAB), una organización independiente en el área del marketing *online*. Para formar parte de esta organización se debe declarar que se siguen las directrices de todos los principales buscadores. Básicamente esto significa que la empresa que es miembro del IAB no se involucra en ninguna actividad que pueda conllevar una penalización por parte de los principales motores de búsqueda.

La solicitud de propuesta

A través de la Solicitud de información se descartarán algunas empresas, ya sea porque no cumplen con nuestras expectativas o necesidades o quizás porque se han retrasado mucho en ofrecer los datos que solicitábamos. En este punto tendremos una selección de socios potenciales a los que se les enviará la solicitud de propuesta. En este documento podremos presentarnos, explicar lo que queremos y pedir una propuesta. Después de recibir todas las solicitudes de propuesta, se puede realizar una pequeña lista de los candidatos y se les invita a una reunión en la que se discutirá con más detalle la propuesta que han realizado.

Preparar adecuadamente los contenidos de la solicitud de propuesta es crucial para que la empresa pueda elaborar una propuesta a medida, algunos aspectos que deberían incluirse:

- Información sobre nuestra empresa: tamaño, productos o servicios que ofrece
- Alcance del proyecto y áreas que se quieren cubrir
- El sitio web al que se refiere la solicitud de propuesta
- El modelo de negocio del sitio web
- Otras opciones estratégicas adoptadas por el sitio web
- Qué canales de marketing se están utilizando
- Las metas previsibles para un futuro
- Las preguntas dirigidas al socio potencial
- Los detalles de contacto en caso de que existan preguntas
- Cuándo esperamos recibir la propuesta
- El tiempo estimado para terminar el proyecto
- Qué áreas deben ser especificadas
- Cómo se realizará el proceso de selección de las solicitudes de propuesta

La solicitud de propuesta le ofrece a todas las empresas la misma situación de trabajo por lo que podremos comparar todas las proposiciones de una forma objetiva. Del grupo de propuestas recibidas se seleccionarán aquellas que se acerquen más a las necesidades de la empresa y se les invitará a que presenten el proyecto. En este punto la ronda final de selección casi ha finalizado.

También se le puede preguntar a los socios potenciales si tienen algunas sugerencias a nivel estratégico para el sitio web, ya que podrían aportar ideas sobre un nuevo modelo de negocio o una visión a largo plazo del sitio. Si se desea este tipo de información, debe aclararse en la solicitud de propuesta de forma que las empresas puedan prepararla con tiempo.

¿Están en sintonía?

El resto de la información que necesitamos puede obtenerse a partir de una conversación cara a cara. A menudo la decisión final recae en la empatía que se ha establecido entre ambas partes. Si seguimos este proceso tendremos la certeza de que la selección se habrá realizado en función de un análisis sólido del mercado, las referencias de cada empresa y la disposición a comunicarse de forma abierta y sincera sobre la forma en que se trabajará de los candidatos. El proyecto tiene muchas más garantías de éxito si se plantea de esta manera.

SEO en el marketing mix (online)

El marketing comienza con la definición de los objetivos y no con la selección de los instrumentos. Por ejemplo, para el marketing online *SEO es una herramienta óptima pero existen muchas otras. Aquellos conocedores del marketing saben que no pueden confiar ciegamente en una sola herramienta. ¿Qué sucedería si esa herramienta, por cualquier razón, dejara de funcionar adecuadamente? Además, más allá de los posibles riesgos, existen diferentes herramientas que nos ayudarán a llegar hasta los distintos segmentos de usuarios. En este capítulo explicaremos cómo crear una política estable de marketing* online.

En este capítulo aprenderás:

SEO es solo un instrumento. En este capítulo explicaremos por qué no deberíamos apostar por un solo caballo ganador y por qué debemos utilizar otros instrumentos de marketing online. *Analizaremos los sitios activos, los medios sociales y los virales. También echaremos un vistazo a la posición del marketing* online *respecto al marketing* offline.

SEO: solo un instrumento

En este punto del libro ya deberías tener una comprensión global de todos los aspectos relacionados con SEO. Hemos hecho referencia a cómo encontrar los términos de búsqueda adecuados, crear la estructura del sitio web y las técnicas para redactar. También nos hemos referido a cómo debería mostrarse el HTML y cuáles son los aspectos relevantes del servidor. Finalmente, hemos explicado la importancia de los enlaces externos y cómo conseguirlos, así como el funcionamiento de la búsqueda universal. Y, cómo no, qué parámetros es necesario analizar para hacer el seguimiento del proyecto y proponer mejoras continuas.

Después de haber escrito un libro entero sobre SEO, es importante contextualizar estas páginas. SEO es una herramienta, no un objetivo. Es un instrumento poderoso pero nada más. El marketing *online* utiliza además las siguientes herramientas:

- Los resultados patrocinados en los buscadores
- Las redes sociales
- El marketing a través del correo electrónico (*E-mail marketing*)
- Los anuncios gráficos (*banners*)
- Afiliaciones
- Marketing viral
- Anuncios de gadgets
- Anuncios de juegos

Frecuentemente se observa que un sitio web bien optimizado atrae el 70% de su tráfico de búsquedas orgánicas. Por un lado esto es positivo, pero por otra parte representa un riesgo. ¿Qué sucedería si Google cambiase sus algoritmos y esto afectase negativamente a nuestro posicionamiento? ¿Cuál sería el resultado final si Google modificase la configuración de la página de resultados mostrando menos resultados orgánicos?

En este libro hemos advertido de que no es prudente realizar nada que vaya contra las Directrices de Google. Nuestra experiencia nos ha demostrado que algunas técnicas funcionan durante un tiempo determinado pero a la larga se pierde el posicionamiento alcanzado debido a una penalización.

La dificultad estriba en que Google implementa cambios en su algoritmo con cierta regularidad con la finalidad de mejorar los resultados de búsqueda, por lo que si los buscadores tienen un gran impacto sobre el tráfico del sitio web, siempre se correrá el riesgo de enfrentar pérdidas sustanciales cuando Google realice un cambio desfavorable para el sitio en cuestión. Obviamente, nuestro objetivo no es asustar sino simplemente demostrar que es importante dividir el riesgo.

Por esta razón, es importante atraer tráfico hacia el sitio web desde diferentes fuentes. Puede ser que el tráfico que se obtiene mediante

los programas de afiliación o los enlaces patrocinados sea más caro pero garantiza una estrategia de marketing mucho más estable para el sitio web. A largo plazo esto proporcionará estabilidad y dividirá el riesgo.

Utilizar otros instrumentos de marketing *online*

Una campaña de marketing *online* comienza determinando los objetivos a partir de los cuales se seleccionarán las herramientas más adecuadas:

- ¿Quieres aumentar el valor promedio del pedido? Utiliza Google Adwords para los productos más caros.
- ¿Quieres fidelizar? Envía un boletín o crea una página de *fans* en Facebook.
- ¿Quieres aumentar la conciencia de la marca? Utiliza los contenidos virales, la red de contenido de Google para hacer publicidad o las redes sociales.

Una vez más nos gustaría resaltar la importancia de tener diferentes fuentes que lleven tráfico y conversiones al sitio web, ya que a largo plazo esto proveerá una estrategia de marketing sólida. Así, seremos menos dependientes de una sola parte comercial que en cualquier momento podría aplicar cambios en su política.

SEO y la sinergia con otras herramientas

El desafío del marketing *online* es lograr la sinergia entre las diferentes herramientas que se utilizan. Cuando un negocio tiene más de un sitio web la estrategia se enfocará a que estos no se hagan competencia, sino que se potencien los unos a los otros. En este apartado partimos de la base de que ya se tiene un sitio web y nos centramos en utilizar los sitios promocionales, los medios sociales y los virales.

Los sitios web promocionales

El sitio web promocional se utiliza con fines de marketing promocional. Un sitio web promocional temático generalmente trata sobre un tema específico e intenta ser lo más completo posible en esa temática. El peligro de construir un sitio promocional es que este competirá con el sitio web principal.

Un ejemplo típico es el de las editoriales, que por sus acuerdos con otras editoriales tienen a veces listados de libros duplicados, o bien disponen de varios sitios en función de objetivos distintos. Así, el catálogo de libros de PlanetadeLibros.com organiza por temáticas los títulos publicados por las editoriales del Grupo Planeta en España. Y las fichas de los libros en ese sitio web son las mismas o muy similares que las que aparecen en casadellibro.com, librería virtual del Grupo Planeta.

La mejor opción, siempre que sea posible, es alojar un sitio web promocional dentro del dominio ya existente, en un subdirectorio, por ejemplo. De esta forma, todos los enlaces atraídos por el sitio promocional también reforzarán el sitio web principal. Además, normalmente es mucho más fácil posicionarse bien con un dominio antiguo (ya existente) que con un dominio nuevo que no tiene un perfil de enlaces.

Las razones principales para optar por un dominio separado es cuando ya se posee un nombre de dominio muy fuerte, o de una marca fuerte, ya que es relativamente fácil posicionar por ese nombre del dominio en Google. En el caso del Grupo Planeta, podemos pensar en Ediciones Deusto, editorial especializada en libros de gestión empresarial, que ya era una marca consolidada cuando fue adquirida por el grupo en 1989, y que tiene su propio dominio, e-deusto.com Una vez que se ha logrado la posición número uno para 'editorial deusto', es mucho más fácil posicionar los términos de búsqueda relacionados.

Los sitios web promocionales de corta vida

Muchos sitios web promocionales tienen una vida breve. Por ejemplo, los sitios web deportivos para servir de apoyo a eventos como el Campeonato Europeo de Fútbol o los Juegos Olímpicos. Estos sitios web atraerán muchos enlaces durante un breve período de tiempo ya que tienen mucho contenido relevante y vídeos en directo. Sin embargo, ¿qué hacer con estos sitios web cuando los eventos han terminado? Normalmente se mantienen activos porque todavía atraen mucho tráfico pero pasado un tiempo lo más sensato será utilizar el valor de los enlaces de estas páginas en otros lugares del sitio web. Utilizando la redirección 301 se puede enviar el valor de estos enlaces a la página que interese potenciar. Por ejemplo, en el caso de la Cadena SER, que tiene creado el sitio para la Eurocopa 2012, se podría considerar pasar todo el valor del enlace desde http://www.cadenaser.com/eurocopa/ (el sitio web del Campeonato Europeo de Fútbol) a la sección de fútbol del propio sitio web de esta emisora (http://www.cadenaser.com/deportes/futbol/). Las entrevistas interesantes o los artículos que puedan ser valiosos a largo plazo se deberían almacenar en otro lugar dentro de la sección de fútbol del sitio web. Con esta estrategia se puede utilizar el valor del enlace de un sitio promocional para reforzar el resto del sitio web.

Las redes sociales

Las redes sociales son ya una herramienta esencial del marketing *mix*, son importantes como herramienta de promoción. Facebook, Twitter, Pinterest, Instagram, Tuenti, Linkedin... Dependiendo de nuestro público objetivo, de los contenidos que podemos crear y de lo que queremos comunicar, deberemos definir qué presencia queremos tener en ellas. Es importante entender que en las redes sociales los usuarios pueden generar contenido que nos beneficie, que potencie nuestra marca, pero debemos tratar de intervenir de forma decisiva en estas conversaciones.

También es necesario integrar a la perfección todas las redes sociales en el mensaje que comunica nuestro sitio web principal. Esto quiere decir no solo disponer de los botones sociales adecuados, sino incluso plantearse fomentar de verdad la circulación entre el sitio y las redes sociales y entre estas y aquel mediante llamadas a la acción para entrar a contenidos específicos de cada canal, que no se replican en los otros.

Por otro lado, la tecnología nos permite de forma sencilla aprovechar las opiniones de nuestros clientes en diversos canales. Por ejemplo, si nuestra página de Facebook tiene mucho tráfico y bastantes comentarios valiosos y nuestro blog de Wordpress está en fase incipiente o de consolidación, es posible mediante un sencillo complemento hacer que las publicaciones de los usuarios en la página de Facebook aparezcan en las páginas relacionadas del blog, lo que enriquece la conversación en ese blog que necesita tráfico y relevancia.

El marketing viral

Cuando nos referimos a algo viral, hablamos de un elemento divertido, bello, innovador o tan controvertido que las personas no pueden evitar enviarlo a sus amigos. Puede ser un vídeo divertido, un concurso creativo con premios estupendos, un correo electrónico gracioso, etc. Como las personas lo envían a sus amistades y estas a su vez a sus otros amigos, los virales pueden llegar alcanzar una difusión masiva en un breve período de tiempo. Por supuesto, crear un buen viral no es sencillo pero esta técnica puede ser una herramienta de marketing muy barata. A veces los virales surgen sin una intención comercial, simplemente porque las personas hacen vídeos divertidos y los comparten con todos.

Obviamente, las empresas también pueden crear virales pero es esencial que la marca desempeñe un rol fundamental, ya que la finalidad es que los usuarios sepan cuál es la empresa que ha creado el viral. No obstante, se puede lograr mucho más: los virales son el mejor *linkbaiting*, sobre todo cuando se ha creado algo demasiado grande como para enviarlo por email. Así, muchos usuarios simplemente enviarán la URL usando el correo electrónico y chat o lo enlazarán desde sus blogs. Como ya hemos mencionado en el capítulo sobre los enlaces externos, si existe la posibilidad de transformar algo en un enlace externo, ¡hazlo!

La relación entre el marketing *online* y *offline*

Además del marketing *online* probablemente la empresa también tiene una estrategia de marketing *offline*: ya sea puerta a puerta, la TV o con los anuncios en la radio y la prensa, panfletos, etc. Hablando en términos generales, todo esto es bueno para promocionar la marca pero es necesario poder cuantificar su influencia sobre la conciencia de marca. Por ejemplo, si estamos anunciando una URL específica, querremos saber cuántos visitantes y cuántas conversiones ha atraído el anuncio.

Generalmente la promoción de la marca se puede medir en tres aspectos:

- Más personas que teclean la URL directamente en sus buscadores
- Más personas que buscan el nombre de la marca (o variaciones del mismo) para encontrar el sitio web
- La promoción de la marca estimula el porcentaje de clic (CTR) en los resultados del sitio web a través de las páginas del buscador

Este último punto es más difícil de cuantificar en SEO. Aun así, si se utiliza Adwords se puede ver los resultados de la promoción de la marca en el CTR.

Aunque el marketing *offline* no sea objeto de este libro, sí queremos ofrecer algunos consejos generales que pueden combinarse con el marketing *online*:

- Si nos anunciamos en un diario para atraer tráfico al sitio web, lo mejor será utilizar una URL específica. Por ejemplo, Casa del Libro está promocionando mucho los *ebooks*, pero si incluye el enlace a www.casadellibro.com, los usuarios aún deberán buscar las informaciones de forma autónoma dentro del sitio web. Por eso es mejor enviarlos directamente a www.casadellibro.com/ebooks. Además, esta URL específica permite medir mejor los efectos del anuncio.

- No subestimar el poder de la promoción de marca ya que tiene un efecto duradero en el tiempo. Además, los términos de consulta relacionados con las marcas tienen una conversión muy alta.

- ¿Por qué utilizar colores idénticos en las campañas *online* y *offline*? El reconocimiento de la marca será más alto si el marketing *online* y el *offline* son uniformes. Por esta razón siempre se deberá utilizar el mismo estilo, las mismas etiquetas, los mismos colores, etc. Para los expertos en marketing esto no es una novedad pues ellos saben que el poder del anuncio está en la repetición.

Mantenerse actualizados

Hemos escrito este libro para mejorar el nivel básico de conocimiento sobre SEO. Todos los autores trabajan para 'Onetomarket', una de las agencias de investigación más importantes de España. A través de nuestro trabajo cotidiano nos hemos dado cuenta de que no hay nada más importante que mantenerse actualizados. El mundo SEO se mueve con extrema rapidez por lo que si dejas de prestar atención por un solo instante ya estarás atrasado. Por este motivo pasamos buena parte de nuestro tiempo investigando y leyendo sobre las nuevas técnicas.

Afortunadamente, existen muchos sitios web que escriben sobre los cambios actuales en SEO. Una de las herramientas más importantes

para quien se dedica al marketing *online* es su lector de noticias (*feedreader*). Asegúrate de leer lo que está pasando en este mundo al menos varias veces a la semana, ya que esto te permitirá reaccionar inmediatamente si algunas de las variaciones afectan el posicionamiento.

Además, recuerda que los competidores están en constante movimiento y las barreras que impiden la creación de un nuevo sitio web son muy pocas por lo que encontrarás continuamente nuevos competidores en el mercado que tratarán de mejorar su posicionamiento, lo que puede afectar al tuyo si no estás atento. Por estas razones debes interiorizar que SEO es un proceso que empieza ahora mismo pero no termina nunca.

Gran Via de les Corts Catalanes, 680, ático 1ª, 08010
tel: +34 93 414 50 39
fax: +34 93 368 72 29
www.onetomarket.es
Arnhem - Barcelona - Berlín